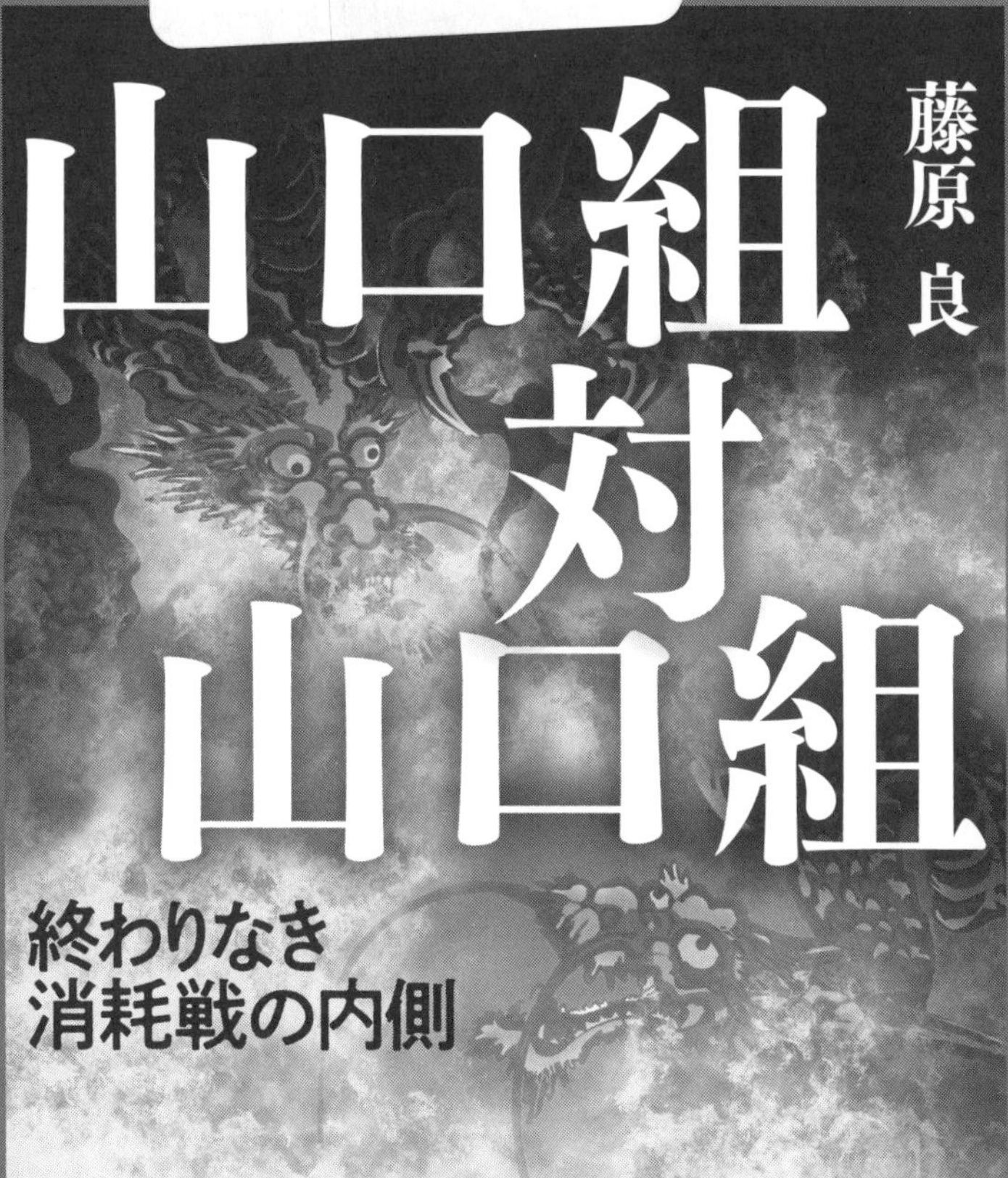

山口組対山口組

終わりなき
消耗戦の内側

藤原 良

太田出版

はじめに 〝三つ巴〟のその後――再び「ふたつ」に？

2015年8月。六代目山口組は事実上の分裂を起こした。それは記念すべき団体創立100周年を迎えた百寿の年の出来事だった。

分裂の原因については、組織運営上の不一致とか、過去の騒動を巡る因果関係上の結論とか、いくつかの諸説が挙げられてはいるが、各傘下団体同士の性格の違いと見たほうが妥当ではないだろうか。

いうまでもなく、伝統を重んじる者もいれば真新しさを目指す者もいる。保守的な団体もあれば改革的な団体もある。近代国家の成り立ちについて孫文が『国とは人の集まりなり』といったように、人の存在をただ単に国を形成する分子のみとしてみなすのではなく、そこに集まった人々が国を作るがごとく、それぞれの人々の思いや言い分などを国作りの肥やしとして尊重した場合、その集まりが、つまりは国が、いったん解体されて新たに形成され直すことだってある。国や団体のために人がいるのではなく、人が国を作る、人が団体を作るとはそういうことなのである。

分裂騒動は『六代目山口組』とは別に『神戸山口組』（2015年8月27日～）という新団体を誕生させた。それと同時にふたつの山口組をこの世に存在させた。

六代目山口組は直近の指針として、意思のあるところに道は開けるという意味を持った『**有意拓道**』という団体方針をとり、神戸山口組は、先人の事業を引き継いでそれを発展させて未来を切り開くという意味を持った『**継往開来**』という団体方針を掲げた。

そして両者は分裂直後から、日本各地でそれぞれの系列団体の組員同士による暴力事件を多発させた。分裂からわずか半年以内で40件以上も続発した暴力事件については当事者間にその都度それなりの理由もあったが、一連の暴力事件の激しさを見た当局は六代目山口組と神戸山口組は対立抗争状態にあると認定（2016年～）して、新団体であった神戸山口組は六代目山口組と同様に指定暴力団としての指定を受けた。警視庁内には対立抗争集中取締本部が新設された。

依然として両者間の暴力事件は後を絶たず、死亡事件を発生させるほどその激しさを増したが、やがて両者の抗争模様は相手組織の組員を引き抜くという、いわゆる『切り崩し工作』と呼ばれるやり方が主流となり、多くの組員たちが両者の間で移籍などをおこなうようになった。

そんななか、神戸山口組からの離脱を選んだ組員たちが『任侠団体山口組』を結成（2017年）して、代紋に山口組の四つ菱をあしらった団体がこの世に三つも存在するようになった。

全国のヤクザ渡世の面々は、三つの山口組については、それぞれを単一の一団体とみなして付き合う者もいれば、長期内部抗争中とみなして付き合いを絶って様子を見続ける者もいた。世論的には「どっちが（抗争に）勝つのか？」「山口組は再統合するのか？」といった声が多かった。

三つの山口組は、各地で暴力事件や切り崩し工作を続けながら、それぞれがそれぞれの原理をもちいて、それぞれの団体の正統性を内外に主張し続けた。

六代目山口組は五代目からの正式な盃継承を受けた団体であると主張し、神戸山口組は歴代の山口組の伝統と習慣を実質的に受け継ぐ団体であると主張し、任侠団体山口組は変貌した山口組を元の姿に戻すことを団体の存在理由として主張した。どの主張も一長一短の一失一得であり、やはり三つがひとつになってこそ、それぞれの良さが際立ち、またそれぞれの悪さを庇い合えると思われたが、日本最大の指定暴力団と呼ばれた山口組の分裂状態は様々な思いを孕んだまま長期化したのだった。

各団体は山口組同士ともいえる抗争事件による逮捕者を続出させながら、それぞれの団体内に二次団体や三次団体と呼ばれる傘下団体を新設したり、移籍により所属させたり復帰させたり、吸収したりしながら各団体を維持し続けた。多発する移籍や引退や復帰や団体ごとの吸収などにより一時は誰がどこの組に所属しているのか本部であっても把握できないぐらいの混乱状態にも陥った。このような分裂状態という惨状を見かねて引退する古参組員も多く、また暴対法などによる当局の締め付けにより暴力団に加入する人数が激減し続けていたことやシノギ不足や組員の高齢化などもあって三つの山口組は組織的には日に日に衰退の一途をたどっていった。

暴力団組織というものは、会長、総長、組長などと呼ばれる組織の『長』を頂点として、ピラミッド型の組織形態を用いている場合がほとんどで、一般的には長の次に、若頭や理事長や若者責任者などと呼ばれる『長男』的役職者が組織の実務的な実権を掌握して運営されている。長男である若頭などは、次期組長候補の筆頭格でよくナンバー2と呼ばれたりもしており、長である組長などから組織運営を全面的に任されることもあり、実務面だけをみれば、時には組長などよりも若頭などのほうが組織運営に大きな影響力を持つ場合も多い。

六代目山口組では六代目体制が発足して間もなく六代目組長が長期服役を余儀なくされる事態（銃刀法違反・2005年）が発生して、その組織運営を若頭が担っていたが、その若頭も服役する（恐喝罪・2013年）ことになってしまい、三つの山口組同士の抗争においては、ふたつの山口組に比べて六代目山口組だけが役者不足で組織運営上の機動力や決定力に一歩欠けていた。そのため、抗争終結に向けて進展することもなければ、暗雲が広がるばかりで勝ち負けの兆しすらも一向にみえず、全国各地で『小競り合い』と呼ばれる暴力沙汰が繰り返し発生したり、切り崩し工作が長引くだけの状態が続いた。

『ケンカは一瞬でケリがつく』

『ケンカは人数の多い少ないでやるものではない』

などの名言を残したのも山口組であり、渡世の内外から『ケンカの山口』と呼ばれていたころを懐かしむ声もあったが、この時期には東京オリンピック誘致戦略の活性化（2013年選出）やG7伊勢志摩サミットの開催（2017年）といった国家レベルのプロジェクトが連座してあり、日本国内において暴力団同士が大規模抗争を展開するには不向きな局面が続いていたこともあって三つの山口組の抗争状況は実質的には長期硬直化していた。

別の見方をすれば、たとえ当局から抗争状態にあると認定されていたとしても、三つの山口組である当人同士はそれぞれに相手の存在を認めないとはいえ、別段、本抗争まででしているつもりはないという意見もある。

別団体になっただけで、別団体同士が常に仲良くする必要はなく、メンツがある以上、別団体という理由だけで敵対関係になることだってある。それだけの話で、ことさらにお互いが本抗争をしている意識はないのである。これももっともといえばもっともだが、特定の組同士が死亡者を発生させるほどのケンカ沙汰を起こした場合は、ヤクザならば『手打ち』という和平構築を当該組同士が執りおこなって世間様を安心させない限り、世間様から抗争中とみなされてもいささかしょうがないのではないだろうか。

手打ちにする場合は、それなりの仲裁役を立てるのが渡世の通説だが、日本最大と呼ばれた山口組相手に仲裁役が務まるほどの適任者が果たして存在するのだろうか。

もしかするとその適任者探しだけでもかなりの時間を費やすことになるかもしれない。いうまでもなくそれは決して容易なことではなく、こういった問題もあって、三つの山口組の抗争模様はより深刻化した。

日本各地でこの抗争における暴力事件や射殺事件までもが多発して、それが区切りなく延々と続いている。そのせいで人生が崩壊した者もいれば、他界した者もいた。抗争による犠牲者といってしまえばそれまでだが、そういった犠牲者を発生させることは三つの山口組にとって果たして本当に有意義なことなのだろうか。

そして長期硬直化と深刻化の波は各組長たちだけでなく組員たちの、いわゆる、勢いというやつを完全に削ぎ取り、

『ヤクザでいる意味はあるのか？』

と組員同士が真剣に話し合う機会も増え、解散する傘下団体も続出した。

日本最大といわれた山口組の分裂と三つ巴の抗争は、暴対法や反社会的勢力排除の時

流に加えて、もしかしたら『ヤクザ混迷の時代』をより色濃くさせてしまったのかもしれない。

ヤクザとは何なのか？

この疑問が、ヤクザ渡世、暴力団業界、裏社会だけでなく、広く一般社会の間でさえも囁かれるようになってしまった。

山口組対山口組――もくじ

第四章　2020年のヤクザ

第一章 分裂の影響

京都騒乱

山口組の分裂騒動は、山口組自身はもちろん、他団体の運営にまで強い影響を及ぼしている。大小含めれば分裂騒動の影響を受けた事案数は100や200では収まらないが、その代表的な事案のひとつは京都の騒動ではないだろうか。

京都は東京奠都（1868年）が行われるまでの約1000年以上に渡って、いわずとしれた日本の首都であり、現在では世界的な観光名所である。その名に恥じぬだけの国宝級の歴史的建造物が建ち並ぶだけでなく市内の繁華街も古くから発展している。

そんな歴史深い京都で幕末に京都守護職を務めた会津藩の上坂仙吉は博徒としての顔も持ち『会津の小鉄』と呼ばれ、京都一帯に博徒としての一大勢力を築いていた。京都ではヤクザ者に限らず堅気衆にいたるまで古くから何者よりも地元の者を優先させる習慣が根強く、ヤクザ社会においては他所の団体と懇意になることも少なく、会津の小鉄亡き後は府内のヤクザ団体を統合した中島連合会によってその地盤が引き継がれ、やがて中島連合会は会津の小鉄にあやかって団体名称を会津小鉄会とした。

京都府から滋賀県にかけてを主な勢力範囲としていた当時の会津小鉄会は昭和中期に全国制覇に向けて邁進していた三代目山口組であっても縄張り内に容易に進出させないほどの鉄壁さを誇っており、代目継承を続けながらその勢力を拡大させていった。

京都では個人が一軒家を建てる場合においても会津小鉄会を通さなければ工事ができないほどの徹底具合だった。

平成の時代になって、依然として京都を重要攻略地と考えていた五代目山口組が関与した抗争劇が京都府内を舞台にして度々繰り返され、会津小鉄会は山口組との関係を深めていくことになった。

会津小鉄会の会長は、山健組組長であった井上邦雄組長（後の神戸山口組組長）と兄弟分となり、六代目山口組時代になると、司忍組長が得意とする『盃外交』によって、高山清司若頭が会津小鉄会の後見人となった。会津小鉄会はいうまでもなく独立組織だったが、先の縁組により、神戸山口組とは親戚関係で、六代目山口組からは後見人として渡世上の世話を受けた間柄となった。そして山口組が分裂した後、会津小鉄会は兄弟分（神戸山口組）と後見人（六代目山口組）との間で板挟み状態となった。これがその後の騒動の大きなポイントとなった。

京都は地理的に、誰もが知るとおり、神戸山口組の本拠地である神戸や大阪、そして六代目山口組の実質的本拠地である名古屋とも近く、一時は、両者の緩衝材的役割になることも期待されたが、実際は、会津小鉄会内の各組員たちは神戸贔屓の会長派と名古屋贔屓の若頭派に分かれている状態だった。組織人事論でいえば、神戸派の会長が退任すれば名古屋派の若頭が新会長の席に自動的に繰り上がり、会津小鉄会全体が名古屋派傾向、つまり六代目山口組色が強まる段取りだった。これについては神戸贔屓の会長や神戸派の組員たちはもちろん、神戸山口組自体もよく思わないのは当然だった。そして会津小鉄会の次期会長継承について、両者は衝突したのだった。

名古屋派の若頭や幹部たちは会津小鉄会から正式に絶縁や破門処分にされ、会津小鉄会は新たに新若頭を設置し、その者に次期会長職を託すことにした。つまり会津小鉄会としては名古屋人脈を絶ち、神戸寄りで行く姿勢を打ち出したのである。そして会長は総裁となって団体の重しとなることになったが、絶縁や破門処分にされた旧若頭や旧幹部たちはこれを不服として、六代目山口組を背景にしてもうひとつの会津小鉄会（2017年～）を作ったのだった。

ふたつの会津小鉄会は、神戸山口組と六代目山口組がそれぞれ後ろ盾をする形となり、京都市内にある会津小鉄会本部事務所の取り合いにまで進展した。神戸山口組と六代目山口組の双方から山菱の組員たちが乗り込んできて、乱闘騒ぎとなった。

この乱闘沙汰では10名以上もの逮捕者を出し、会津小鉄会の本部事務所は京都地方裁判所から使用禁止の処分（2017年）を受けた。

山口組にとって京都という場所は地理的にも利権的にも先代時代からの重要攻略地であり、京都府内を中心に勢力基盤を持つ会津小鉄会をいかにして自らの陣営に取り込むかが組史としての野望達成のひとつの表れでもあった。すでに服役中となっていた六代目山口組の高山若頭もそもそもは京都での恐喝事件がもとでその刑に服していた。

とにかく京都は山口組にとって因縁深い土地であり、それゆえに神戸山口組も六代目山口組も一歩も引かず、結果、ふたつの会津小鉄会が発生してしまったのだった。

そしてこの騒動が発端となって神戸山口組の井上組長が別件逮捕を含めて繰り返し当

局に拘留され、若頭の寺岡修若頭も別件逮捕され、神戸山口組の勢いは失速してしまい、六代目山口組は依然として髙山若頭が社会不在中でスピード力に欠け、ふたつの会津小鉄会の衝突模様は硬直化したのだった。

ふたつの山口組とどのようにして付き合っていくのかについては会津小鉄会の独自の考え方が第一であり、その考え方がひとつのキッカケとなってふたつの会津小鉄会が発生したわけだが、その発生経緯にはいうまでもなく神戸山口組と六代目山口組の分裂劇が大きく影響しており、特に後発であるふたつ目の会津小鉄会については六代目山口組による内政干渉に近い状況がその原因だったといえる。どのみち、山口組の分裂の影響がなければふたつの会津小鉄会が発生することはなかっただろうといえる。

そして勢力が二分化してしまった会津小鉄会はその後に引退者を多く出し、双方ともに衰退してしまったのだった。

このように、日本最大規模の暴力団である山口組の分裂劇は、組内だけでなく余波として、周辺の団体の運営状況にまで強い影響を与えたのだった。

義理か盃か

会津小鉄会の騒動だけに限らず、全国には、分裂前の山口組から後見を受けたり、団体として縁組したり個人的に兄弟分になった者も多い。その関係性が分裂によってどちらを優先させるべきかという問題が全国各地で多発した。たとえば、後見人の件でいえば、それは大きな『義理』である。兄弟分でいえば、それはれっきとした『盃』である。ハッキリいえば、山口組分裂の余波として、義理を取るか、盃を取るか、という痛恨の選択を迫られた者たちも多かった。

義理とは、義理の父、義理の息子というように、血縁関係がなくとも親族や親戚関係を結んだ状態を意味し、義理を持つ、義理がある、と認識することで物事の道理が築かれるものである。渡世でいう義理ガケなども同意の付き合いごとを意味する。よく勘違いされがちだが、義理は単なる貸し借りの領域では収まらない。貸し借りは、文字どおり、貸し借りでしかない。「あの人には借りがある」というのと「あの人には義理がある」というのではその意味合いが大きく異なる。

盃とは、渡世だけの式事により、親族や親戚関係を結ぶことである。盃にはいくつかの種類があるとされるが、基本的な考え方は、縁組であり、それは義理と同等の意味合いを持つ。あえて義理と盃の違いを挙げれば、義理には式事は特になく、盃には式事があるといったぐらいでしかない。しいていえば、別に式事をしなくても通用する盃も多い。ともかく義理と盃は相反する内容ではなく、常に表裏一体でなければならない。本来ならば、義理の上に盃があり、盃の上に義理があるわけで、その両方が反目に回ることなく工夫すべきなのが極道修行の一環だが、時として、不幸にも、二者択一を迫られる時がある。迫られた側は、これまさに理不尽として道理に合わず、と沈黙して静観することもできなくもないが、現実問題として、特に組織統制上、どちらかを貫かなければならない時もある。そこで決断しなければ、たとえば大きな抗争になってしまうとか、組織としての存続が危ぶまれるとか、そのために生まれる犠牲者や様々なリスクを考慮したとき、どうしてもどちらかを優先させなければならない場面もある。

そしてある者は、義理を取り、またある者は、盃を取る。どちらも正解ではなく、これまさに理不尽につき道理に合わず、ではあるが、山口組分裂の影響により、現実問題として、義理を取る者と盃を取る者の両方が世の中に存在することになってしまったのである。

こういった状況を全国各地で発生させた山口組の分裂劇は、ひと言でいってしまえば、とても迷惑な話である。

第三の菱

そんな状況のなか、神戸山口組から離脱したメンバーが任俠団体山口組（後に任侠山口組、現在は絆會）を結成（2017年）した。この団体は神戸山口組の中核団体である山健組の副組長だった織田絆誠が代表者となり、神戸山口組の直系組長だった四代目真鍋組組長の池田幸治らが中心となって旗揚げされた。

この出来事は山口組の再分裂ともいわれたが、そのまま割っただけの再分裂というよりは、任俠団体山口組は山口組の分裂の影響により生じた分子であると捉えたほうがより正確かもしれない。なぜならば、もし山口組が分裂していなければ任俠団体山口組は発生しなかったといえるからである。もしも山口組が神戸と名古屋に割れることなく依然としてひとつの山口組だったとして、それでも任俠団体山口組が組織されたのかと問えば、その可能性は、ない、に等しいのである。

分裂直後から、やがて任俠団体山口組となる面々は、山口組の再統合に向けて調整づけをしようとしていた。しかしそれが叶わなかった。

その主たる原因は、抗争の長期化の要因でもある六代目山口組の髙山若頭が服役中で社会不在により意思決定に積極性が伴わず再統合についての詳細決定が難しかったというものだった。そして彼らは所属していた神戸山口組から離脱した。

再統合活動をおこなった面々が、六代目山口組とそりが合わずに分派した神戸山口組のなかにそのまま居続けることにはやはり無理があった。つまり山口組の分裂さえなければ任俠団体山口組という団体は発生しなかったのである。分裂の影響によって生じた団体としては、任俠団体山口組は、前出のふたつの会津小鉄会に似た悲痛な団体といえる。

任侠団体山口組が団体名称だけでなく菱の代紋を掲げたことから結果として世の中に三つの山口組が存在してしまい、三者は三つ巴の抗争へと陥った。やがて任侠団体山口組はその団体名称を『任侠山口組』（2017年）と改めた。

そして以前から勃発していた抗争による暴力事件や銃撃事件や切り崩し工作は、神戸山口組と六代目山口組の間だけでなく任侠山口組との間でも頻繁に行われるようになった。

しかし三つ巴の抗争に決着は着かず、抗争はただただ長期化するばかりだった。そこには六代目山口組の高山若頭が社会不在中という影響も大きかったが、抗争に携わる当事者同士の複雑な人間関係も大きな原因となっていた。

鈍化する分裂抗争

昔のヤクザ者には、孤児や施設出身者や親と生き別れた者など、個人的なバックボーンが乏しい者も多く、またそのような不憫な家庭環境の者でなくとも渡世入りした時点で実親との縁を切った者も多く、抗争だけでいえば、敵味方がハッキリとしやすく、その相関図も作りやすかったのだが、現代のヤクザ者にはそういった育ち方を持つ者よりも、ハッキリいえばプライベートが充実している者が多く、抗争で敵同士となった団体にそれぞれ所属している者とはいえお互いの女房が親友同士だったり、当人同士も中学時代からの仲間同士だったり、親戚一同が家族ぐるみの付き合いをしていたり、場合によっては、たとえば、お互いにキリスト教徒だったりして、毎週日曜日になると教会で顔を合わせるというような状況で、抗争事を敵味方にわかれての殺し合いとするならば、現実的には、そのような殺し合いをするには非常にやり辛い人間関係ができあがってしまっているのも現代ヤクザの一般論なのである。またシノギについても事業出資者が敵同士となった両方の団体内や双方の関係筋に存在しており、敵同士なのに毎月仲良く事業の売上をわけあうことになるので、どうしても抗争に力が入らなくなってしまうといった皮肉な状況が点在している。元々は同じひとつの山口組、ひとつの団体同士による抗争というものはスッキリとは行かないものである。分裂まではすんなりできたとしても抗争となると少々やりにくい人間関係がいたるところに散らばっていたのである。

　こういった理由もあって、任侠山口組という団体の発生は、そもそもは山口組の再統合を目指していたとはいえ、結果として、抗争劇をより複雑化させて、抗争をより長期化の深みにおとしいれてしまったのではないだろうか。任侠山口組の当人たちにそんなつもりは微塵もなかったとしても、その存在が結果として抗争をさらなる収拾不能の闇に導いてしまったのではないだろうか。

　しかし、そもそもすべての起因は山口組の分裂にある。そしてその影響力は、おそらく、分裂の当事者同士の想像を遥かに超えた事態となってしまったのではないだろうか。

　要するに、分裂前ではあまり想像しにくかった出来事が分裂後になって色々と発生し続けたのである。そのことはヤクザ社会内のシノプシスのみならず、一般市民の思考にまで影響を及ぼした。そこにはもちろん、国家を統治する側の勝手な都合で施行された暴対法や組織犯罪処罰法や暴排条例による一方的な締め付けなどの影響もあるが、その上でさらに抗争の長期化によってこれまでとは違った出来事が表面化しはじめた。

長期抗争が及ぼすシノギへの影響

神戸山口組が兵庫県淡路市内に本部として構えていた神戸山口組若頭・侠友会本部事務所は暴力団追放兵庫県民センターにより全国初となる指定暴力団の本部の使用差し止め代理訴訟を起こされ、あえなくこの本部事務所を閉鎖（2017年）して、神戸山口組は兵庫県神戸市内に新たな本部事務所を新設した。ついこの前までは近隣住民参加型でハロウィンや餅つき大会など、ご近所さんたちとは和気あいあいとした近所付き合いを続けてきた山口組だったが、今回は本部事務所移転の憂き目にあわされてしまった。

六代目山口組のほうは、神戸市内の本部事務所ではなく、本部近くの神社でハロウィンをおこなったが、やはりこれまでとは少々異なるやり方での開催だった。

山口組が創立以来から根城にしている神戸の町の市民の多くは、山口組が反社会的勢力だとわかっていても、過去には数々のお祭を無償で盛り上げてくれたり、阪神淡路大震災の際は炊き出しをするなどの援助活動を真っ先におこなってくれたり、東日本大震災の際は各地の帰宅困難者を助け、支援物資を東北に届けるなどして、地域や国民のためにひと肌もふた肌も脱いでくれたことを忘れてはおらず、山口組にも立派な市民権があることを理解していたが、抗争の長期化と硬直化というものが、得体の知れないドス黒い恐怖となって、山口組に対する市民の見方も随分と変わった。20歳代の若者世代については、もう単なる迷惑な犯罪者集団程度にしかみえていないのかもしれない。

特に神戸山口組と六代目山口組とその関係各位が今一度再認識しなければならないことは、分裂からの抗争の長期化は、もう当人同士の問題だけでは収まらず、山口組が日本最大であるがゆえに、それはヤクザ社会と暴力団業界全体に強い影響力を持った出来事であり、また一般社会にもこれまでとは違った影響、つまりどちらかといえば悪影響を及ぼす事案になっているということである。ヤクザにはヤクザの理屈があるとか、堅気とは違う世界の出来事ですからといったところで、その影響力を踏まえたらそのような文言はもう易々と語ってはいられない状況なのではないだろうか。

そして山口組の分裂の影響により発生した任侠山口組（元任侠団体山口組）が当局から指定暴力団としての指定を受けた（2018年）。

任侠山口組はその結成当初から、山口組を本来の姿に戻すことを団体の信条としており、一見、思想団体のようでもあったが、暴力事件や銃撃事件、そして殺人事件などにも関わり、指定該当要件を満たしていたことから三つの山口組による長期化した三つ巴の抗争のれっきとした当事者のひとりとして指定暴力団の指定を受けたといえる。任侠山口組からいわせれば、なかなか思ったように物事は進まないといったところではなかっただろうか。

また六代目山口組では、司組長のほかに新たに六代目山口組本部長大同会会長の森尾卯太男本部長が、米財務省から国際犯罪に関係しているとして米国内での資産凍結や米国人との取引を禁止される制裁対象の指定を受けた（2018年）。それと同時に古くからの山口組カンパニーである不動産関連企業の株式会社山輝と東洋信用実業株式会社も同指定を受けた。

三つの山口組による三つ巴の抗争の長期化は、日本の司法当局だけでなく、米国の司法機関までにも影響を及ぼしたのだった。

ある元公安調査官によると「日本国内にはヤクザを応援する気質が残っている」そう

だが、それは割と少数派であり、また長期化した三つ巴の抗争のせいで、ヤクザのことを嫌う風潮が日本国内に広く常套化し、たとえば、日本のお茶の間の重役であるテレビ業界では極道要素のあるドラマや既存のヤクザ映画のオンエアーを徹底排除するようになり、音楽業界でもヤクザの世界を唄った新曲の発表は敬遠され、演歌については歌詞のチェックまで受ける始末となり、ヤクザ者だけでなく、少数派の応援者や理解者たちまでもが肩身の狭い思いをするようになった。

こんなことはこれまでの日本の歴史のなかではなかったことである。ヤクザ嫌いや暴力団排除の姿勢が芸能や表現の世界にまで食い込んで来て強く統制されることなど言論統制が敷かれた太平洋戦争中でもあり得なかった。

ここまで来ると、一種の人権的問題や文化的問題として考えるべきことでもあるが、それを考えようにもそもそもの問題起因が、三つの山口組による三つ巴の抗争の長期化であると指摘されてしまうと、誰しもが早く抗争を終結してくれないだろうかと思ってしまうのは自然な思考ではないだろうか。抗争状態が長引いている以上、そのことが核なる原因となって、様々な習慣が変化したり、様々な事柄が前に進まなくなったり、頓挫したり制限されたりしてしまっている。やはり抗争の長期化による影響は小さくなかったのである。

組員ひとりひとりの話でいうと、ヤクザのシノギは個人の才覚によるものとはよくいわれるが、とはいえ抗争が始まると、ほとんどの組員がシノギができなくなるのが習わしである。生活スタイルが抗争中心となってしまい、抗争に関わる待機やボディーガードの強化などといった平常時ではやらなかったことが増えるので、そこに時間も体も取られてどうしてもシノギができなくなってしまう。また現在抱えている抗争の数をこれ以上増やさないためにも余計なトラブルになりそうなことは徹底的に避けるので、ビジネスのカギとなる営業活動もできなくなって、ますますシノギの機会をうしなってしまうのである。

ヤクザ稼業はビジネスではないとはいえ、みんな何かしらのビジネスをしなければシノいで行けなくなるので、堅気衆同様にヤクザ者にとっても商売事は大切なのである。

ただし抗争が始まるとシノギが止まるという分野での主たる業種はどちらかというと賭博開帳などの極道ライフにありがちな非合法ビジネスの話ではあり、古くから山口組が、正業を持つように、と各組員たちや関係者たちに推奨していたように、それに沿って何かしらの正業を構えている組員たちは抗争中であってもなんとかシノいでいけることができた。しかしこういった正業を持っている組員たちであっても今回の山口組三つ巴抗争の長期化により、持っていた正業すらできなくなってきているのである。

そもそも現代ヤクザは暴対法や暴排条例などにより、自分名義での賃貸契約もできなければ銀行口座の開設もできなくなっている。これはヤクザ者でなくとも正業を持つ上では大変大きな障害となる制限である。しかしそこは創意工夫といった具合に、あくまでも正業を持つために様々な知恵を絞り出して、事業を維持している組員たちもいる。

ある幹部組員は、もう十数年も前から飲食店を経営していた。その組員の人柄のよさもあって店はそれなりに繁盛し続けて、一時は2店舗目を出すか、というところまで繁盛していたが、1店舗だけでも有り難いのにヤクザごときが2店舗もやるわけにはいかないとして、この幹部組員は路地裏の1店舗だけで長く営業を続けていた。店は男性のひとり客だけでなく夫婦客や近所の婦人会の方々でいつも賑わっていた。

そして隔年に設定されている店舗賃貸契約の更新時期が来た。幹部組員は前回同様に更新手続きをしようとしたが前回と同一人物である物件管理者に断られてしまった。その主たる理由は『抗争の長期化』だった。

物件管理者はいうまでもなく堅気の方なので、山口組の三つ巴の抗争の勝敗に興味もなければ何の関係もない。けれども抗争が長期化していることで、日に日に不安が増大した。所属している商店街の組合の人たちからも管理者は日を追うごとに白い目で見られるようにもなった。どうして暴力団幹部に物件を貸しているのかと。

規則や法律では周知のとおり、暴力団組員は不動産の賃貸について絶望的な制限を設けられている。いくら地域住民から人気のある店とはいえ、たとえ町の歴史に根付いた名店であっても、その店は暴力団幹部が経営している店であることに変わりはない。その一点だけでも店舗賃貸更新手続きを断る理由は充分にあった。

こうしてご近所さんたちから長く親しまれた人気店が幕を閉じた。その主たる原因は、抗争の長期化による影響だった。神戸山口組、六代目山口組、任侠山口組のそれぞれの執行部は町場でこのような不幸が起きていることを知っているのだろうか？

この店舗の物件管理者は、山口組が分裂した時も、当局から抗争中と認定された時も文句ひとついわずに幹部組員に店を貸し続けてくれた。三つ巴の抗争がしばらく続いても近所の人々からも憩いの場として店の人気が衰えることもなく、この幹部組員は毎月きちんと店舗賃貸料を支払い続けた。

家賃さえ払えばいいとか、逆に家賃さえ貰えればいいとかではなく、きっと誰もが好きな店だったんだろう。この幹部組員もマスコミからは暴力団員と呼ばれる身だが、店に集う人々が彼のことを暴力団組員と呼んだことは一度もなく、人のいいヤクザのおっちゃんと呼ばれて親しまれ続けていた。山口組の三つ巴の抗争の長期化によってその店は閉店するしかなかった。閉店後、この幹部組員が生活難に陥ったことはいうまでもなかった。彼は暴力団特有の非合法ビジネスに浸かっていたわけではなかった。飲食店という正業を営んでいた。それは決して間違ったことではない。しかし抗争の長期化の影響により、正業を維持することが困難に陥ったのだった。

これは単なる氷山の一角に過ぎない。ヤクザのなかには、ヤクザも正業を持て、という言葉に沿って飲食店だけでなく、土建業や製造業など様々な仕事を持っている者も多い。

ある幹部組員は製造業を長く営んでおり、原材料を海外から輸入して製品を作っているのだが、材料問屋の担当者から、原材料にかかる代金を前払いして欲しいとせがまれた。通常は、原材料が届き、製品化して、納品して、その製品が売れることで売り上げを得て、その上で海外の材料元に代金を支払っていたわけだが、ここでも「抗争の長期化により行く末がわからない（製造業者の存続が不透明）ので代金を毎回前払いして欲しい」といわれてしまったのである。この幹部組員は担当者に心理的迷惑を掛けていると自責の念に駆られて、代金の前払いに応じた。そのせいで営業的に苦しくなった。

ハッキリいえば、ちょっとしたケンカや短期抗争ぐらいならビクともしなかったものが、抗争の長期化というただその一点の理由によって崩壊してしまっているのである。しかもヤクザとして正業を持つことが崩壊してしまっているのである。これは何とも不幸な話ではないだろうか。

もしかしたら三つの山口組の各執行部は、傘下団体からのそれなりに集まる上納金の額だけを見て、町場の状況を判断しているのかもしれない。それなりに集まっているのなら何も問題はないと。もしそうだとしたらそれはヤクザとしてはどうなのだろうか？

本来、役人や警察よりも町場の実情について詳しいのがヤクザの特徴である。昔からヤクザは町の情報通である。そこには法律も規則も建前もなく、町場の真実の姿という最も正確な情報が集約されている。町のことはヤクザに聞くのが一番いい、町の裏も表も町の顔役に訊ねるのが最も正確だったはずである。しかしそんな頼もしいヤクザの歴史も抗争の長期化により崩壊してしまっているのではないだろうか。

今三つ巴の抗争を長期化させている三つの山口組は、町場の情報どころか、自分たちの各組織の者たちの正確な情報すら掴めてはいないのではないだろうか。これはただ単に抗争による影響という話ではない。抗争の『長期化』による影響の話である。

先記したとおり、この三つ巴の抗争は当人同士がしたくて始めたものではなく、山口組が分裂をしたことで当局から一方的に抗争中であると認定されたものなのかもしれない。もしそうであったとしても、世間が抗争中という認識を持った段階で、世間様というものに公明正大かつ正々堂々と行動を示す必要があるのではないだろうか。その示し方は抗争の長期化ではない。そして世間様に示すべき行動というのは、いうまでもなく、抗争の終結しかない。

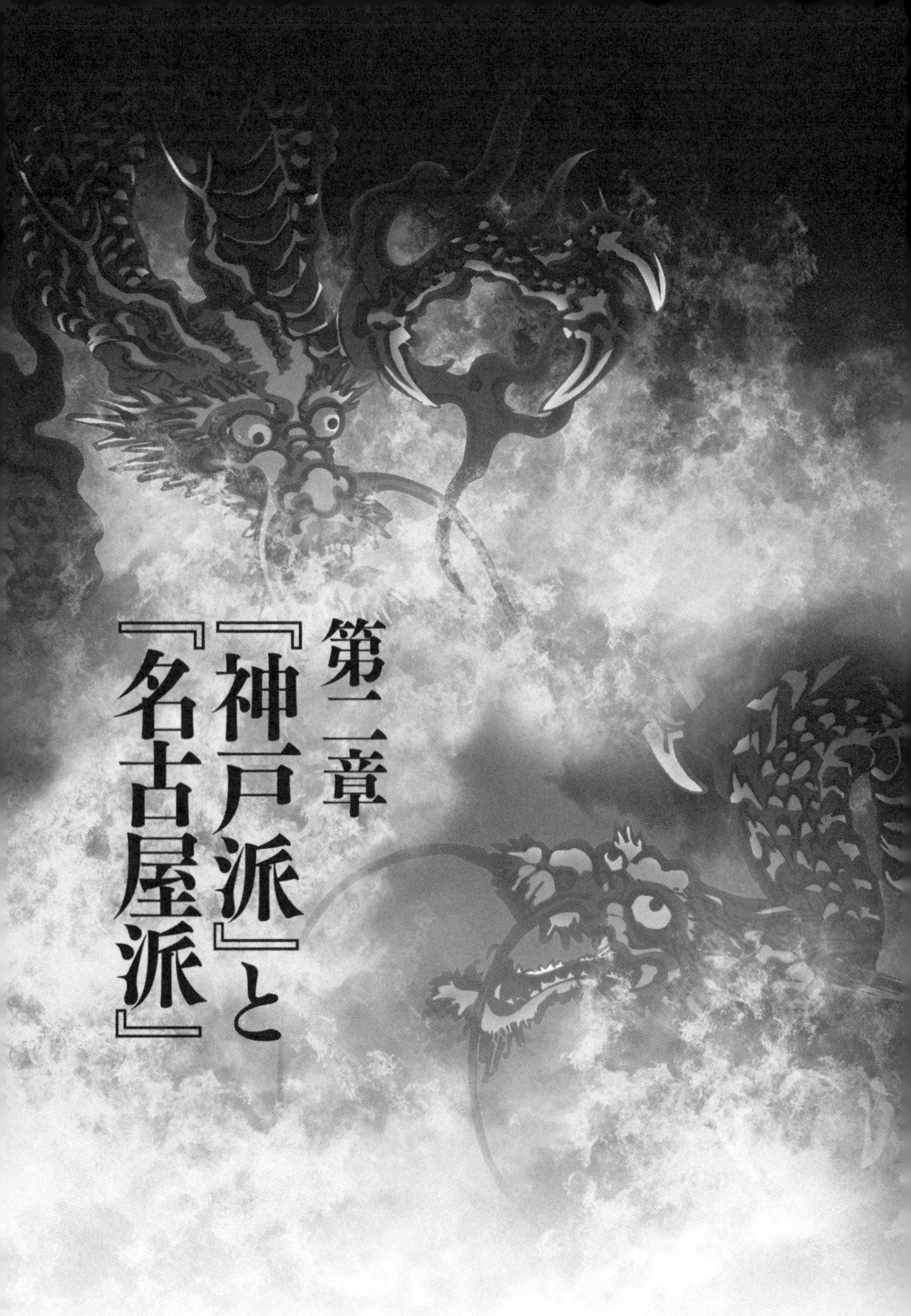

第二章 『神戸派』と『名古屋派』

弘道会　30人未満からの出発

そもそも山口組が分裂したのは山健組を中心とした神戸派や保守派と呼ばれるメンバーと弘道会を中心とした名古屋派と呼ばれるメンバーの性格の違いによるところが大きい。そしてその性格の違いとはいったいどういうものなのだろうか？

弘道会はいうまでもなくヤクザ社会で『名古屋』の代名詞を持つ六代目山口組の中心的二次団体である。昭和の中期から名古屋港界隈を地盤にしていた弘田組を引き継ぐカタチで司忍（現在の六代目山口組組長）によって弘道会へと改組されて正式に旗揚げされた（1984年）。全盛期には約4000人以上の組員数を誇った大所帯の団体だが、弘道会結成当初の組員数はわずか30人にも満たなかった。一般企業でいえばベンチャー企業か零細企業レベルの人数しかいなかった団体が、司忍一代で全国有数の大企業へと飛躍したのだった。

繰り返すが、弘道会は結成当初、わずか30人にも満たなかった団体であり、活動範囲は東海地方を代表する繁華街である名古屋の錦三や栄でもなく、主に海辺の名古屋港界隈だった。このような出発条件だった弘道会が飛躍したキッカケはやはり『抗争』だった。

東海地方には幕末や明治時代から代紋を掲げる老舗のヤクザ団体やテキヤ団体が乱立しており、弘道会が結成された時点で、すでに数百人規模の組員数を持つ団体も複数存在しており、それぞれが各々のメンツにかけて多数の死傷者をだすほどの過激な抗争も繰り返し勃発していた。要するに、港町にいる30人足らずの弘道会が容易に対抗できる戦国地図ではなかった。しかし弘道会は対抗どころか、自らよりも何倍も大きい老舗の博徒やテキヤを次々と傘下団体にして、ついには名古屋のみならず東海地方のほとんどを制覇してしまったのである。ひと言でいってしまえば、これが弘道会の恐ろしさであり、司忍というヤクザの歴史であり、弘道会という集団の性格なのである。

名古屋抗争（1991年）では当時約1500人の会員がいたとされる運命共同会をなんとたったの20日間程度で弘道会は難なく攻略した。運命共同会は阪神懇親会や関東二十日会と並ぶヤクザやテキヤの一大集合体で、もちろん全国にその名を知られており、過去に山口組による名古屋進出を阻んだ武闘派でもあり、弘道会がいくら五代目山口組を背景にしているとはいえ、誰の目からみても抗争相手としては大き過ぎる相手だった。

しかし始まってみればそれはまさに弘道会による瞬殺だった。殺るべき相手を殺るべき瞬間に確実に殺るというシンプルで凄まじい切れ味だった。そして倒壊した運命共同会の面々は次々に弘道会の軍門に降ったのだった。その後はまるでドミノ倒しのように中京五社会などの東海地方の老舗の名門クラスが続々と弘道会の傘下団体となった。

特筆すべきは、弘道会は喧嘩に強いということだけではないという点である。ただ単に喧嘩に強いだけなら、たとえば名古屋抗争の結末は、運命共同会の主だったメンバーの引退や一部の縄張り渡しでケリがつき、多数の老舗団体を抱える運命共同会が解体までして弘道会の傘下になる必要はない。代償をともなった共存型という抗争の結末は過去いくつもある。しかし運命共同会は解体までして弘道会入りした。それは少なからず弘道会の、つまり、司忍のヤクザとしての気質を認めたからではないだろうか。その後に続々と弘道会入りしたほかの名門老舗団体も同様で、団体としての歴史と伝統を踏まえれば比較にならないほど若い弘道会の傘下に収まったことは弘道会の喧嘩の強さに屈服しただけの話ではない。幕末や明治時代から続く名門クラスが、抗争をキッカケにして、弘道会という若い団体をみて、自分たちよりもヤクザとしての器量が上であると認めた結果なのである。そしてその結果は弘道会による東海地方の制覇に繋がった。たった30人足らずでスタートした小さな会が、数々の抗争を勝ち抜き、先輩格ともいえる数々の老舗団体からも認められて、結成から10年も経たないうちに、日本のヤクザ地図を塗り替えたのだった。そして五代目山口組において弘道会は若頭補佐の要職に就いた。

弘道会が若頭補佐となって山口組の執行部に入ったとはいえ、弘道会の内情は、主に名古屋抗争後に運命共同会や中京五社会から弘道会傘下となった組員が多く、彼らは山口組の軍門に降ったというよりは弘道会のみに忠誠を誓った面々であり、山口組に対してはそこまでの思い入れはなく、弘道会至上主義の色合いを持ち続けていた。

弘道会の初代会長である司会長は、どちらかといえば日陰暮らしを嫌がらず、時には、ヤクザなんだから楽しく行こうぜ！　と気さくにジョーダンを飛ばす昔気質のヤクザ者で人望もあった。そして弘道会の組織運営は若頭である髙山若頭に一任していた。髙山若頭は若いころから、人をみる目に優れていると評されており、ほかの者のいうことは聞かなくても髙山のアドバイスだけは聞くという古参組長たちも愛知県内には多くいた。

髙山若頭は抗争に勝つことで弘道会が多くの老舗団体を傘下に収めていく過程で、各老舗団体のメンツが立つように縄張り内のミカジメを組合方式にして集めるなど、互助会的なシステムを用いるなどして膨張する弘道会の運営を巧みに取り仕切っていった。その手腕は見事だったといえる。

山健にあらずんば山口組にあらず

神戸派や保守派と呼ばれる山健組は通称ヤマケンと呼ばれた山本健一によって神戸市内で結成された（1961年）。結成当初の組員数は20人足らずで長屋が全員の住居兼事務所だったが、三代目山口組の全国侵攻の波に乗り、順調に組員数を増やした。

渡辺芳則が二代目山健組組長に就くと『数こそ力』の理論で総組員数を7000人以上にまで増やし一大山健王国を築いた。桑田兼吉三代目山健組組長時代になると『山健にあらずんば山口組にあらず』といわれるほどで山口組内で最大勢力を誇った。山健組は山健ブランドとも呼ばれるようになり、その勢いは山口組の外の団体にも影響を及ぼすほどになっていた。

そしてこのころに東海地方で勃発した名古屋抗争で敗北した運命共同会系の組員たちや中京五社会系の組員たちを多く傘下に加えた。それはつまり反弘道会系の組員を多く抱えたことと同じだった。

名古屋抗争後、どうしても弘道会の軍門に降りたくなかった面々は、こぞって山健組に加入した。そうすることで彼らは抗争には負けたが、山健ブランドにすがることで弘道会とのパワーバランスを保ったのである。これは敗者の兵法のようなものでしかないが、実際、山健ブランドにはそれだけの威力があった。

名古屋抗争後に弘道会に加入したある幹部組員は、

「あいつら（山健組に加入した面々）は、抗争で負けたのに、（山健組に加入したことで）まるで勝った気でいる。こっちとしてはそういうのは納得いかんわな」

と語った。

この時点で、山健組と弘道会とは性格が違う団体になったとハッキリした。山健組が組全体の方向性として反弘道会をうたうことはなかったが、弘道会に対して抗争事で恨みを持った組員たちが山健組内で増殖することは、実質的に反弘道会の要素を色濃く持った団体になったといえた。

そしてこの時代になると全国各地に点在している山健組の系列組員たちがそれなりの抗争を起こすことはあっても、山健組自体が直接的に大きな抗争に参戦することはなく、三代目山健組はむしろ他団体が引き起こした抗争の仲裁役を担うような大御所クラスとなっていた。これに対して弘道会は抗争に次ぐ抗争状態で超武闘派団体としてのイメージを定着させていた。

山健組は山健ブランドと呼ばれるぐらいに、他所よりは約1・5倍程度、会費が高かったが、基本的にシノギは組員ひとりひとりの器量に任せるやり方で、組員がどれほど儲けようともその現金を搾取することはなく、毎月定額の会費を払っていればそれでよしというスタイルだった。それでも莫大な組員数を誇っていたので山健組の資金は潤沢だった。ヤクザとして経済活動はするが、ヤクザのやり方で飯が喰えなくなればそれはそれで仕方がないというような、山健組はそういうどこか正直な性格をしていた。

三代目である桑田組長自身もひとりでシノギをすることが多く、桑田組長は単身関東に出向き、関東屈指の神社の祭の立ち上げを計画した。その準備は順調に進み、提灯の売上だけでも数億円にのぼるほどの非常に大きな祭が開催されようとしていたが、暴力団追放運動によって祭自体の開催が取り止めになってしまった。山健組の組織力を動員すれば、もしかしたらこの祭は簡単に開催できていたのかもしれないが、山健組にはシノギは個人の器量という言葉が根強く残っており、弘道会の組織的な互助会システムと比べれば、山健組のシノギのやり方は昔ながらのドがつくほどのヤクザスタイルともいえた。

山健組と弘道会とはこのように同じ菱の代紋を持つ団体とはいえ、ひとつの団体としてみた場合、歴史も習慣も運営システムもシノギのやり方も異なる団体だった。そして名古屋抗争後に山健組には反弘道会系の組員たちが多数加わり、弘道会には弘道会至上主義の組員たちが多く加わったことから、両者の性格はますます別人格となっていった。

このような性格の違いによって、桑田組長時代、琵琶湖を境にして東西に山口組が分裂する、もしくは、分割統治するという議論がなされたことがあった。

山口組には神戸を起点にして西日本を中心に勢力を拡大させていった歴史があるため、琵琶湖を境にして西方には老舗の組が多く、東方はいうまでもなく弘道会がその代表的な団体だった。

そして議論はもつれ、結論には至らずに山口組が琵琶湖を境にして分裂することはなかったが、それからしばらくして五代目山口組の渡辺組長が引退して、全者満場一致で六代目山口組の組長として司組長が誕生した（2005年7月）。

高山若頭による名古屋方式の導入

司組長は気質も実績も六代目組長として相応しく、五代目時代の舎弟会からの承認もすんなりと取り付けて六代目組長となった。だがそれとほぼ時を同じくしてそもそも保釈中だった司組長に対する銃刀法違反の容疑が確定（2005年11月）されて、司組長は府中刑務所に服役して社会不在となった。

司組長から山口組の手綱を預かったのは六代目山口組の若頭で二代目弘道会の高山会

長だった。

六代目山口組の若頭として髙山若頭は組織改革に乗り出した。それはつまり六代目山口組内にこれまで弘道会がおこなってきた名古屋方式を導入することだった。髙山若頭は社会不在となった司組長に対して実直過ぎたあまりに、六代目山口組内の名古屋化を徹底した。

それまでの山口組は山健組のやり方にならって、シノギは組員ひとりひとりが自由にやっていたが、互助会システムによる名古屋方式の導入により、組員たちはシノギの経費から売上までを総本部に、すなわち髙山若頭に報告することが義務付けられ、いちいち干渉されるようにもなった。それだけでなく会費とは別に様々な理由をつけて売上を搾取されるようにもなった。

髙山若頭としては吸い上げた現金を、経済的に弱っている傘下団体に回して山口組全体としての経済力の強化を求めた向きもあったが、これまではそういったことは直接的に当人同士で行われており、総本部にそこまで介入されることを嫌う組員たちが増加した。

また、これまでの山口組では、傘下団体の組長が引退をしたり、解散などをした場合、元組長や解散した元団体の資産はそのままで、たとえば、組事務所として使用していたビルがあったとして、そのビルをもう用済みとして売却されて現金化された場合、その現金は元組長の懐に収まるか、名義人のものとなるか、借金の担保になっていた場合は債権者のものとなるのが恒例だったが、六代目山口組では、同様の状況となった場合、売却されて生じた現金は総本部、つまり高山若頭に巧みに没収されるようになった。

そして各傘下団体には、総本部からミネラルウォーターなどの雑貨類が配られ、それらを購入するために時には一度で数百万円もの費用が必要になり、購入後にはそのような不良在庫を抱え続けるわけにはいかないので、傘下団体は必死になって雑貨売りに励まなければならなくもなった。なかには資金難に陥って解散する団体まで発生した。

ある組員は、

「まるで雑貨屋や……」

と嘆いた。

確かに弘道会はこれまで抗争に次ぐ抗争で貧困していた。高山若頭が互助会システムなどを駆使して資金を溜めればまた次の抗争で資金が消える、を繰り返していた。ゆえに六代目山口組内で六代目組長と若頭の出身母体として君臨したとき、組織改革だけでなく様々な理由をつけて傘下団体から現金を吸い集めて弘道会を潤わせることは理解できない話でもないが、そのせいで六代目山口組内の傘下団体や系列団体が困窮して解散してしまうほどの惨状を招いたことは、やり過ぎだといわれてもしょうがなかった。

ヤクザ社会には、白いモノでも親分が黒いといえば黒だ、というような言葉があり、高山若頭はそういった言葉を用いて傘下団体に様々な要求を押し付けていたわけだが、肝心なことは、高山若頭は六代目組長ではない、ということである。

司組長は満場一致で六代目組長になった人物だが、高山若頭の若頭就任については選挙でもなければ満場一致でもなく、司組長の組長人事によって若頭になった。そして司組長は若頭というものが組長に代わる存在ではないということを熟知している。

司組長は下獄前に、高山若頭のことを組長代行にはしなかったので高山若頭に組長の代理権はない。つまり若頭であり、それは親分ではなく長男的存在でしかない。そうなると高山若頭の言葉にはいうまでもなく親分のそれと同じだけの重みはなく、そこには強硬さも命令権もない。

しかし、髙山若頭は反発した傘下団体については、総本部執行部として除籍や破門という処分を躊躇なく下した。

これは本来ならば組長の判断がその決定に大きく影響するはずのものだが、髙山若頭は総本部執行部を操ることでそれを成し得ていたのである。これについては六代目山口組内部と関係者たちの間にとても深い遺恨を残した。

特に名古屋抗争後に山健組に加わった反弘道会系の組員たちからは猛批判を喰らった。そもそも弘道会に従いたくないから山健組に入った面々である。

それが六代目山口組が発足した途端にすべてが名古屋方式という弘道会色に染められてはたまったものではない。

五代目多三郎一家がもたらした山健組の転機

山健組の三代目組長だった桑田組長の後に四代目山健組組長に就いたのは井上邦雄組

長（後の神戸山口組組長）だった。井上組長は高齢化していた山健組の若返りを狙って若返り人事を推進した。その陣頭指揮を執ったのが織田絆誠（のちの任侠団体山口組代表、その後に任侠山口組に改名。現・絆會会長）だった。

四代目山健組は傘下の高齢組長たちが各団体の顧問や相談役になることで代替わりがスムーズに運び組織としての若返りに成功したが、いわゆる、山健精神や山健らしさというものはそのまま受け継がれ、名古屋抗争後に多数抱えた反弘道会系の組員たちもそのまま四代目山健組内に残っていた。そのなかに五代目多三郎一家という団体があった。

五代目多三郎一家は元々は名古屋抗争に関与した中京五社会に所属していたが、名古屋抗争後に弘道会入りするのを嫌って山健組に加入した。

山健組に加入後も名古屋市内で飲食店を経営しており、弘道会を目の敵のようにしていたが、六代目山口組が名古屋方式による弘道会色に染められていくなかで、髙山若頭を名指しで批判して、一説によると髙山若頭暗殺計画まで準備していた。このことが情報漏れにより総本部執行部に知られて、まずは五代目多三郎一家の上部団体である四代目山健組の井上組長がその管理者責任を総本部から、つまり髙山若頭から追及された。

このころ、高山若頭は、名古屋方式を徹底させるべく、先代時代から勢力を誇示していた山健組の組力を削ぎ落すことに躍起になっていた。そんな高山若頭にとって五代目多三郎一家の存在は山健組を追い詰めるための格好のネタとなった。このとき、初代山健組の山本組長ならどうしただろうか？　二代目だった渡辺組長ならどうしていただろうか？　三代目の桑田組長ならどうしていただろうか？　井上組長は五代目多三郎一家の後藤一男総長を破門処分にしたのだった。

この処分に反発した後藤総長は、抗議のために山健組を訪れようとした道中に、神戸市内の路上で刺殺された（２００７年）。

その後の当局の捜査により、後藤総長殺害の容疑者として四代目山健組若頭で健國会の山本國春会長を含む健國会の組員ら13名が逮捕された。

その後に殺害の実行犯と目された男が自殺したことで事件の真相は闇入りし、山本会長は裁判で無罪を主張したが、検察による上告二審目で、これといった物的証拠もないまま裁判長の認定により全容疑者の有罪が確定し、山本会長は懲役20年の判決を下された。こうして四代目山健組は若頭不在の時代を迎えた。

確かに山健組はその性格の違いから六代目山口組内で弘道会の反目になることも多かったが、だからといって、同じ山口組である髙山若頭の暗殺を企てた者を放置しておくわけにもいかず、その者が山健組の組員であるならば、山健組自身でその者を始末してケリをつけたというところだったが、この事件は山健組だけでなく、六代目山口組の内外に至るまで、山健組の評判を落とすキッカケとなった。

四代目山健組は六代目山口組若頭補佐の要職を維持し続けたが、それまでの『イケイケのヤマケン』とは少し異なる印象を醸し出した。

司組長復帰と髙山若頭の社会不在

ともかく、この事件を通して、六代目山口組内における反弘道会の声が沈静化されて、髙山若頭は自身が思い描いていた六代目山口組の名古屋化の実現を一応達成できたといえた。

そして波に乗った髙山若頭は山健組のほかに反弘道会色が濃かった複数の老舗有力二

次団体を反執行部とみなして合計で8団体を一斉に絶縁、破門、除籍とした。どの団体も三代目山口組時代から山口組を支えた名門ばかりだった。

そもそも弘道会と性格が異なる団体というものは物の道理からいっても絶対にあるわけで、それを組織運営上、上手にまとめることも大切であり、何もかもを跳ねのけていくことは組織や団体としての総力を失うだけで、決して得策ではなく、もしも司組長が社会不在でなければ、バランスの取れた組長采配により、こんなに多くの二次団体や系列団体が六代目山口組から消滅することはなかったかもしれない。

しかし髙山若頭としては、司組長の留守を預かるという重責への実直さが、剛腕とも狂気ともいえる徹底さを貫かせたのかもしれなかった。

そして2011年4月に約6年の刑を務めて司組長が府中刑務所から出所した。司組長の社会復帰により、六代目山口組内では何かしらの方向転換がなされるだろうという神戸派や保守派からの期待の声もあったが、さすがに約6年間という社会不在のブランクはそう簡単には埋まらず、六代目山口組の運営は髙山若頭に一任されたままだった。言い換えれば髙山若頭に対する司組長からの信頼はとても厚く、また髙山若頭もその信頼に実直過ぎるほどに応えていたのだった。つまり、何も変わらなかった。

そして反名古屋、反弘道会の声は六代目山口組内の水面下で再発し、反名古屋勢ともいえる神戸派や保守派が六代目山口組から分裂して新団体を作る構想が練られ始めた。

そんななかで以前から裁判中だった恐喝容疑が確定して懲役6年の刑を貰った高山若頭は2014年12月に府中刑務所に服役した。

こうして六代目山口組は司組長の社会復帰と入れ替わるようにして高山若頭が社会不在となった。

高山若頭が社会不在となったことで六代目山口組の運営は統括委員長だった極心連合会の橋本弘文会長と三代目弘道会の竹内照明会長に託された。竹内会長はこの翌年には六代目山口組若頭補佐と中部ブロック長に昇格した。

ところで、統括委員長の橋本会長は、実は生え抜きの山健組出身者である。初代山健組から在籍しており、二代目山健組では若頭代行、三代目山健組では組長代行という要職を歴任している。次の四代目山健組組長に井上若頭が成ることが確定路線だったため、橋本会長は五代目山口組時代に山健組から出て直系組長に昇格して自身が率いる極心連合会も直系団体となった。そんな橋本会長が名古屋派に徹していたことについて山健組サイドからは当然のように『許されざる者』と呼ばれていた。

統括委員長である限りその責務として六代目山口組内を取り仕切ることは当然のことなのだが、そこに山健精神が垣間みれることは一切なく、まるで弘道会出身のようにまでみえてしまっていたことで山健組以外の神戸派や保守派と呼ばれた者たちからの反感も買っていた。

橋本会長としては、昔ながらのドがつくほどの山健組の運営スタイルよりも、互助会的で組織としても洗練されていた弘道会の運営スタイルのほうが時流に合っていると判断していたがゆえだったのかもしれない。橋本会長は優れたビジネス感覚を持つヤクザでもあった。いずれにせよ立場的に橋本会長の心中が複雑だったことは察しがつくが、これもまた橋本組長と四代目山健組の性格の違いであった。

そして名古屋方式に完全に浸かった六代目山口組の統括委員長としての橋本会長の振る舞いは昔の仲間たちからいわせれば完全に裏切り行為そのものでしかなかった。

ついに2015年8月、山口組は分裂し、分裂派によって神戸山口組が旗揚げされた。

三つの山口組誕生と抗争

　神戸山口組の組長には四代目山健組の井上組長が就き、副組長には名門の二代目宅見組の入江禎組長が、若頭には侠友会の寺岡修会長が、舎弟頭には池田組の池田孝志組長（現・最高顧問）が、総本部長には正木組の正木年男組長（現・舎弟）がそれぞれ就いた。ほかにも三代目山口組時代から山口組を支えた名門団体が神戸山口組の各要職を担った。

　四代目山健組では、中田浩司（別名・中田広志・五代目健竜会会長）が若頭補佐を経て、しばらく不在だった若頭に就いた後、井上組長から代目を譲り受けて五代目山健組組長となった（2018年）。

　二代目山健組組長を経て五代目山口組の組長と成った渡辺組長が興した健竜会出身の中田組長は生粋の山健族であり、博打の才覚に秀でたヤクザ者で、現代ヤクザにしてはめずらしく『博徒』として知れ渡っていた。人柄もよく堅気衆からの人気もあった。どちらかといえば、暴力団のボスというよりは昔ながらのヤクザ気質に富んだ人物だった。

中田組長の五代目山健組組長就任については組の内外から時期尚早ではないかという声が挙がっていた。そもそも本来の順番でいえば、多三郎一家総長殺害事件で引退した四代目山健組若頭の山本若頭が先に五代目に成るはずであり、その後の六代目を中田組長が継ぐのが確定路線とされていたが、山本若頭の引退により、中田組長が時代をひとつ飛び越すカタチで五代目組長に就任したことが時期尚早といわれた原因だった。

また四代目山健組には、四代目体制発足と同時に若返り人事で死力を尽くし、神戸山口組発足時には若頭代行の要職に就いて日本全国を『練り歩き』した織田副組長もおり、織田副組長も五代目候補と目されていた。しかし、その織田副組長が織田一門を引き連れて神戸山口組と四代目山健組から離脱して任侠団体山口組（後の任侠山口組。現・絆會）を結成したことから時期尚早とはいえ山健組としては組織の建て直しが急務となり、それを高齢の井上組長にかわって中田組長が担うというのが五代目就任の要だった。

先に山本若頭を失くし、次に織田副組長も失くしたと同時に約3分の1の組員も失った五代目山健組は、組織的には誰がどうみてもガタガタで抗争などやっている場合ではなかったが、分裂と再分裂によってできた三つの山口組による三つ巴の抗争状態の渦中に中田組長は五代目組長として置かれた。さらに中田組長は神戸山口組の若頭代行にも就任した。

折からの六代目山口組による緻密な切り崩し工作によって、五代目山健組から六代目山口組に移籍する有力幹部も発生して、五代目山健組の船出はとても苦しい状況だった。

相次ぐ抗争

六代目山口組、神戸山口組、任俠団体山口組（後に任侠山口組。現・絆會）による三つ巴の抗争は、全国各地で対立団体同士による暴力事件を数多く発生させた。

分裂から約2ヶ月後の2015年10月。長野県内で六代目山口組二代目近藤組の組員が神戸山口組に移籍しようとしていた弟分を射殺したことで最初の死者が発生した。

その後も長野県、福井県、埼玉県、茨城県、富山県、京都府などで毎月のように次々と発砲事件が続発した。そしてこの間にも謎の自殺死体や暴行による変死体が複数体発見された。このほかにも依然として敵対する組員同士による殴り合いや敵対する組員が運転する乗用車ごと破壊して暴行を加えるなどの暴力事件は日常茶飯事で、敵対する組事務所に直接ダンプカーなどで突っ込んで破壊する通称ダンプ特攻も全国各地で多数続出した。

さらに2016年5月には岡山県内で神戸山口組の池田組若頭で昇伸会の高木忠会長が弘道会系の元組員によって白昼堂々と射殺された。死亡した高木会長は神戸山口組における中国地方の切り崩し工作のリーダー的存在だったことからこの事件は神戸山口組だけでなく暴力団業界全体に大きな衝撃を与えた。

神戸山口組は沈黙を守り、岡山県での射殺事件から約2ヶ月後には愛知県内で元山健組組員が弘道会系組員によって射殺された。

2017年には神戸山口組の井上組長の別宅に六代目山口組倉本組の組員が拳銃の銃弾を撃ち込んだ。

同年7月には福岡県内で任侠団体山口組の二代目植木会の若頭と舎弟頭が六代目山口組の二代目伊豆組の元組員らによって銃撃された。

そして同年9月には、任侠団体山口組の織田代表が神戸山口組の山健組系の元組員によって自宅付近で襲撃され、警護役の組員がその場で射殺された。

２０１８年12月には岡山県内の六代目山口組三代目杉本組幹部の自宅に銃弾が撃ち込まれた。

２０１９年4月。神戸市内で五代目山健組の與則和若頭が六代目山口組三代目弘道会野内組の組員に刺された。

同年8月には神戸市内にある弘道会神戸事務所前で弘道会系組員が銃撃されて重傷を負った。

同年10月には神戸山口組山健組事務所前で山健組の組員2名が報道関係者に成りすました弘道会系組員によって銃撃されて死亡した。

銃撃事件はこれだけではなく。全国各地で、事務所に撃ち込む、組員の車に撃ち込む、組員の自宅に撃ち込むなどの行為が頻繁に繰り返された。

そして、２０１９年10月18日、髙山若頭が長期服役を終えて府中刑務所から出所した。

高山若頭の復帰

高山若頭は、服役疲れをみせることなく、神戸市内や東京都内を訪れるなどして出所後から精力的に活動を展開した。高山若頭は、抗争が長期化していることについて弘道会の組員たちを叱咤激励したという。

事情通や暴力団関係者たちの間では、高山若頭が出所したら、司組長が代目を譲って高山若頭が七代目山口組組長になるのではないかという憶測が飛び交っていた。マスコミ誌面にもそのような文面が掲載されることもしばしばだった。

しかしどうやらその路線はないようである。高山若頭は司組長の一の子分として日陰に徹するのだという。

初代弘道会時代、昔気質の気さくなヤクザの親分として司組長が盛り場などで同席者についチップをはずむことがあった。そのころの弘道会は抗争に次ぐ抗争で金庫のドアが閉まることなく台所事情は火の車状態だった。それでも司組長はヤクザなんだから楽しく行こうぜ！　とチップをバラまくときがあった。抗争続きで貧困していた初代弘道会とはいえ、たまにはそれぐらいの遊びがあってもいい。むしろそれぐらいの遊び心を持った親分のほうが明るくていい。それはそれで良かったのだが、会の運営を担っている髙山若頭としては次なる抗争への準備を考えると、正直なところ、1円でも現金が惜しいところである。そこで髙山若頭は、司組長の後を付いて回って、司組長がチップをまくと、あとから髙山若頭がそこに出直して、平謝りをしてチップを回収して歩いていたのだった。

これは子分として、親分の顔を立てる精一杯の行動であり、自らが恥をかぶるというなかなかできない振る舞いである。髙山若頭は苦労を表に出さない真の苦労人なのであであり、いうなれば優秀な黒子である。

これは日本を経済大国に押し上げた昭和の時代の政治家と秘書の関係によく似ている。政治家にはある意味、人気商売の側面もある。国民の政治期待に応えるべく死力を尽くすのはもちろんだが、なるべくなら国民の願い事にはすべて「よっしゃ！　よっしゃ」といきたいところである。そしてモンスター級の政治家になればなるほど、すべてに「よっしゃ！」という。しかし本当にそんなことができるのだろうか？　できないことだって当然ある。そのときは、秘書が「私が未熟なもので」と頭を下げて歩くのである。

あくまでも政治家の名声を落とさずに、そして国民の期待心を損なうことなく、巧みに平謝りして、さらに、こんな苦労人の秘書さんがついていらっしゃるんならやっぱりあの政治家先生は立派な方なんだな、と相手に思わせるのが秘書としての腕のみせどころなのである。

司組長と高山若頭とはそのような二人三脚で、弘道会を日本一の二次団体に押し上げた。その関係性は、それぞれが六代目山口組組長と六代目山口組若頭に成っても変わるものではない。あくまでも親分と子分の関係ではあるが、それは名コンビといっても過言ではないだろう。表の司と裏の高山。そして命を賭けていくつもの抗争をくぐり抜けてきた決意というものはそう簡単に変わるものではない。

それゆえに、六代目山口組の若頭になったからといって、すぐに次の七代目は自分がなるのが順番だ、と考えるほど高山若頭は甘くはない。

司組長が社会不在中に、留守を預かる身として六代目山口組の運営に一点の妥協も許さずに狂気ともいえるほどの徹底さをみせつけた高山若頭は、今後も司組長の下でその職人的な技を振るい続けるのである。

おそらく、現段階では、司組長が六代目を退いた後は、高山若頭は七代目体制の顧問職に就くことが予想されている。

それが司総裁制による顧問職なのか、七代目を頂点にした上で、司最高顧問と高山顧問という状態になるのかまではわからないが、現在の高山若頭の方向性は、六代目である司組長のことを死守し、そして七代目に成りうる人物を育成してその者が七代目に成れる道を作ることなのである。

それが徹底した職人であり、巧みな秘書であり、優秀な黒子であり、一の子分を名乗るヤクザ者としての責務なのである。自分の出世だけを願うサラリーマンとは根本的なところで考え方が異なるのである。

その上では、三つ巴の抗争の長期化というものは決してプラス要素ではない。抗争が長引けば長引くほど、組内は貧困し、逮捕者も増え、組全体の組織力が低下して、次なる七代目に気持ちよく組を渡せなくなる。抗争に負けることは論外だが、とにかく抗争の長期化というものは将来的にみても有効ではない。このことは抗争経験が豊富な司組長と高山若頭なら痛いほど熟知しているはずである。

高山若頭は出所後に、三代目弘道会傘下の野内組の野内正博組長を新若頭に据えるなどの組織改革を英断したが、約5年間も続く三つ巴の抗争で、日本一の二次団体と呼ばれる弘道会であってもその疲労ぶりは確かでどうしても瞬発力に欠けていた。

第三章 三つ巴抗争の出口

長期抗争をおさめる〝仲裁役〟の不在

三つ巴の抗争を結末づけるには、誰かが勝利者となるか、全員で和解するか、勝者なき終結をするかのどれかしかない。

もしも和解や手打ちとなれば、それなりの仲裁役が必要となるが、日本最大の暴力団による三つ巴の抗争の間に入って仲裁役ができるほどの名士がいるのかとなると、その名士を探すだけでも相当の時間がかかることだろう。ちなみに、仲裁が行われた場合、仲裁役に歯向かったり、手打ちを反故にしたり、覆したりした時点で、仲裁役はその当事者を徹底的に潰さなければならない。いわゆる、ケジメをつける、というものである。それが仲裁役を引き受けるさいの腹のくくりどころなのである。

具体的に六代目山口組と神戸山口組と任侠山口組（現・絆會）から確実にケジメを取る自信がある仲裁役など果たしているのだろうか？

関西で名の知れた仲裁役といえば、江戸の新門辰五郎、東海道の清水次郎長と並んで日本の三侠客のひとりといわれた会津の小鉄に縁した京都の会津小鉄会が『仲裁ごとは会津のドンに頼め』といわれるほど有名だったが、その会津小鉄会自体が六代目山口組分裂騒動の煽りを喰らって代理戦争的な分裂劇に陥っていることから現状では仲裁役などできるわけもなく、また山口組と一和会の抗争時（山一抗争）は関東の雄である稲川会が会津小鉄会と共に仲裁役となって和解を成立させたが、現在の稲川会は六代目山口組と親戚関係にあり、神戸山口組のことを団体として承認していない立場を取り続けているので中立という立場からの仲裁役を担うことがむずかしい。

山口組の歴史を紐解けば、特に三代目時代に起きた抗争の仲裁役は太平洋戦争後から関西と関東のパイプ役を担っていた松浦組がおこなう場合が多かった。

松浦組は元々関東の有力団体で相談役を務めていた松浦繁明氏が単身で神戸三宮に流れて来て設立した団体である（1953年頃）。松浦氏は当時すでに東京で流行っていたパチンコ店の景品交換システムを広く関西に浸透させた人物としても知られていて、武闘派としてだけでなくシノギにも明るい人物で堅気衆との交流も多く、無骨者や命知らずが数多く揃っていた当時の関西ヤクザ界のなかでは行動的にも会話的にもバランスのとれた親分で仲裁役を務めることも多かった。

また大阪十三を拠点としていた中川猪三郎氏も数多くの仲裁事を取りまとめている。中川氏は三代目山口組舎弟ではあったが、長い間、十三で一本独鈷の親分として中川組を率いてきた歴史があり、そのころから、様々な仲裁役を務めていたことから、三代目山口組舎弟となった後も関西の渡世では特別視された存在で山口組の舎弟という立場に影響されることなく関西のヤクザ渡世の歴史から『ひとりの侠客としての仲裁役』を頼まれることが多かった。日頃から中川氏の世話になっていたヤクザ者も多くいて、中川氏は団体の枠や代紋という括りを越えた関西の名物ヤクザだった。

松浦組の松浦氏も中川組の中川氏も代紋頭として仲裁役を担うというよりは、まさにひとりの侠客としての仲裁役を務めることが多く、抗争の当事者間にとってはこの人でなければならない、この人の仲裁ならば呑める、となり、松浦氏も中川氏も人柄的な要素に裏打ちされたなかでの仲裁事を多く収めてきた。いうなれば仲裁事の名人だったともいえる。そしてこのふたりは高齢によりすでに他界している。このふたりがまだ存命だったら、きっと六代目山口組の分裂抗争の仲裁に奔走したと思われる。

六代目山口組の分裂抗争は文字どおり山口組における抗争劇であることから、その仲裁役には山口組と人間関係がある親分が担うのが素直である。しかしそれがなかなか見当たらない。

六代目山口組発足当初から続く他団体との『盃外交』によって、六代目山口組と関係がある団体のほとんどが六代目山口組に後見されたり、六代目山口組から世話を受ける関係になってしまっていることから、そういった間柄の者が仲裁役をすることはいささかむずかしい。

そもそも仲裁役というものは、わかりやすく結婚式にたとえると、新郎新婦の仲人役のような存在である。仲人は結婚式の一切を取り仕切り、両家の仲を取り持つ役割を果たすことから『仲人は親も同然』といわれている。その仲人が実は新郎新婦に後見されている者であったり、日頃から彼らの世話になっている者だったとしたらそれはいささか都合が悪いのではないだろうか。そういう立場にある者が仲人をしてはならないという法律はないが、どちらかといえば仲人のほうが新郎新婦に対して後見人であり世話人であるほうが自然である。それが習慣というものでもある。

仲裁人も仲人に似た立場であり、手打ちをする双方にとっては少なからず格上となるか、もしくは立場に拘らず『この人の仲裁ならば呑める』と双方が認めた相手でなければむずかしい。

〝仲裁役〟の覚悟

ある縄張り争いがもとで抗争を起こした組同士はどちらも評判の超武闘派で、報復につぐ報復が繰り返されて収拾がつかなくなっていた。そしてこの抗争については誰も仲裁役を務めようとはしなかった。なぜなら、この抗争をしている双方の組はどちらも和解に応じる気配がまったくなく、どちらかが壊滅するまでという『潰し合い』を目指しており、下手にこんな抗争の仲裁役をすれば、仲介役も抗争に巻き込まれて泥沼化するのがみえていたからである。しかし抗争が長引けばそれだけ世間に迷惑をかけるため、地域の親分衆たちが話し合った上で、仲裁役を立ててこの抗争を終結させる運びとなった。その仲裁役に選ばれた人物は地域でも名のとおった親分だったが、潰し合いを繰り広げている超武闘派の連中をどのようにして説得するか試行錯誤した。

本当の潰し合いというものは、勝てばいくら儲かるなどそういったビジネスウォーではなく、とにかく敵を皆殺しにすることだけに没頭している。こんな抗争をやっている連中に旨味のある和解条件を提示したところで、最初から突っぱねられるに決まっている。彼らは旨味よりも相手を皆殺しにして壊滅させる道だけを突き進んでいる。

正直に、周囲が迷惑しているから抗争を止めてくれといっても彼らが聞き入れるわけもなく、そうなると仲裁役は力ずくでも仲裁に乗り出す必要性が生じることから、結果としてこの抗争に武力介入することとなり、抗争終結どころか抗争拡大となって状況はますます悪化するばかりでしかない。

そこで仲裁役となった組長は考えた上で、なんと、自らの手首を切り落として、仲裁をおこなった。これで和解にしろ、というメッセージなのである。

これには抗争をしていた双方も度肝を抜かれた。まさに仲裁役の真剣さを目の当たりにしたのだった。

そしてこの抗争はただちに手打ちとなった。その後、この抗争をしていた双方が再び抗争をすることはなかった。

仲裁役は結婚式の仲人役に似ているとはいっても、その内容が結婚式ではなく殺し合いをともなった暴力団抗争であることから、結婚式の仲人のようにわりとパターンどおりに物事が進むことはなく、ときには抗争の当事者以上の痛手を仲裁役が負ってこそはじめて仲裁が成立することもある。

ヤクザ渡世では、喧嘩に勝つ者よりも、喧嘩を仲裁できる者のほうが器量が大きいと昔からいわれている。それだけ抗争事の仲裁はむずかしいという意味なのである。

その昔、山口組が大阪で他団体と抗争になった時、ケガ人や逮捕者が続出したうえに、カーチェイスによる銃撃戦まで繰り広げてしまい、事態を重くみた山口組内の穏健派の幹部が自ら進んで指を詰めて「抗争を終わらせたい」と執行部に和解を願い出たこともあった。この時ばかりはさすがの山口組の執行部もこの幹部の訴えを聞き入れて速やかに抗争相手と和解をおこなった。この時は、仲裁役も後に就いたが、状況判断により、山口組と抗争相手である某団体のトップ同士の速やかな話し合いにより実質和解を手打ち式よりも先に完成させていた。

和解に大きな影響を与えた穏健派の幹部のように、今自分の指を詰めてまでして山口組の分裂抗争を和解に導こうとする者が果たしているだろうか。

和解というものはなにも仲裁役がいなければできないというものでもない。各団体に総裁や総長や会長や組長と呼ばれるトップがいる以上、なにも仲裁役を立てなくとも抗争の当事者のトップ同士で話し合えば和解することはいくらでもできる。その話し合いのキッカケを双方の傘下団体の者達が作ることだってできる。

抗争にも大小があり、その大小を問わず、和解についての仲裁役という部分だけに話を絞れば、ひと昔前は、県警などの当局のトップクラスが非公式に仲裁役を務めることもあった。抗争がはじまると双方の団体の組長クラスや会長クラスが、またはそれぞれの組の幹部クラスが俗にいう別件逮捕というやつで当局に逮捕収監されることがよくある。

マスコミ報道などによれば、団体のトップや責任者クラスを一時社会不在にして抗争から切り離すことで抗争における指揮系統を破壊させて抗争の拡大化や急進展を防ぐことがその目的であると解説されることが多いが、そのような意味合いも一応はあるが、それ以外に抗争取締対策部となった県警の幹部であったり、抗争地域を管轄している署長であったりが、署内の取調室で組長や幹部たちに直接「治安維持のために早急に抗争を止めてくれ」と話すこともある。

このような取調室でのやりとりは、いうまでもなく、県警幹部や署長を中心として、随時逮捕収監されてきた抗争中の双方の団体のトップや幹部クラスに対してそれぞれおこなわれる。

それは説得というよりも、提案といったほうがわかりやすいかもしれない。ヤクザ相手に国家権力が提案するという弱腰でどうするのかと思う人もいるかもしれないが、強く命令ができない原因は、平時における当局と暴力団との日頃のお付き合いというものがその主な足かせとなっている。

たとえば、所轄署でいえば、その管轄内に暴力団事務所がある所とない所とでは割り当てられる年間経費に大きな差が出る。当然に、管轄地域内に暴力団事務所があるほうが経費が大きい。また経費だけでなく、逮捕率も自然と上がるため、実績もあがる。市民からいわせれば暴力団事務所がない町のほうが住みやすい町かもしれないが、所轄署からいわせれば暴力団事務所があったほうが仕事的にはなにかとやりやすいのである。それが所轄署と地元暴力団との日頃の付き合いを濃厚なものにさせるのである。

それは、ある者は暴力団直営のデリヘル店で毎月必ず無料で遊べたり、ある者は暴力団が運営している裏カジノから裏金を貰い続けて私腹を肥やすといった悪漢スタイルだけではなく、さまざまな犯罪の逮捕に向けた情報を入手できるという利点も大いにある。

たとえば、窃盗集団やオレオレ詐欺組織の連中が、そのアジトを刑事にいうことはないが、知り合いの暴力団員にアジトの場所を話すことはよくある。アジトを摘発したい刑事としてはその情報を付き合いのある暴力団員から聞き出すことで、窃盗集団やオレオレ詐欺組織の摘発を達成できる。これによって多くの被害者が救われることもある。

こういった目的もあって、所轄署や県警の者たちが暴力団と日頃の付き合いをしていることがある。特に昭和の時代にはこういったスタイルが顕著だった。平成になって法令関係が厳しくなり、当局も不祥事を嫌うようになってからこういったスタイルが減ったとはいえ、今でも少なからずある。昨今の抗争時に別件逮捕で逮捕収監される組長クラスや幹部クラスは高齢のため、昭和の時代から暴力団に身を置いている者がほとんどであることから、当局との日頃のお付き合いの経験者であり、生き証人であることから、昨今は減ったとはいえ、そう強く物をいえる関係でもないのである。弱腰というよりは仲良しといったほうが正しいのかもしれない。

そういった関係性があるからこそ、抗争の仲裁役を県警などが非公式にすることがある。その内容からいえばしっかりとした仲裁役というよりは一歩下がって『調停役』といったほうが正しいだろう。

ある抗争が起きた時、双方がかなりの人数を集合させた。当然、ひとりひとりが拳銃や刃物類を携帯していた。この時点で凶器準備集合罪や銃刀法違反に該当するが、別件逮捕されていた双方の組長たちとの取調室での調停により、集合を解除して抗争を止めたことで、凶器準備集合罪や銃刀法違反で逮捕された者はひとりもいなかった。

組長クラスや幹部クラスが調停に応じて抗争終結をしたからといってその見返りを当局が暴力団に渡すことはないが、すべては日頃のお付き合いの上に成り立っているというわけなのである。

しかし現在の山口組の分裂抗争について、正直なところ、保身と賄賂にまみれ、エリートの意味を履き違えた現在の当局トップクラスに日本最大の暴力団の分裂抗争の調停役を実行できるほどの経験と器量を持った人物をみつけることができない。

出口なき抗争の犠牲者たち

山口組の分裂抗争終結のパターンを探れば、勝者なき終結をするというものもある。これは実に単純で当事者同士が『抗争終了宣言』をすればすむ話である。勝者なきというぐらいに、当事者同士がお互いに許す気持ちをもって平手で終結をすれば、いわば円満終結にもなるが、実際にはそこには勝者なきとはいえ、当事者同士の間に抗争による犠牲や損害が発生しているため、それなりの条件がつけられることになるだろう。そうなると、この条件の落とし所を巡って、話し合いが長期化することもある。

和解というものはなにも仲裁役がいなければできないというものでもない。各団体にトップがいる以上、なにも仲裁役を立てなくとも抗争の当事者のトップ同士で話し合えば和解することはいくらでもできる。その話し合いのキッカケを双方の傘下団体の者達が作ることだってできる。犠牲や損害についてはどちらも痛み分けとして喧嘩両成敗の理論をもって無条件の平手での終結ができるのならそれに越したことはないが、こういったケースはヤクザ渡世や暴力団業界でもなかなか前例がないため、三つの山口組がこういった結末を選択するかどうかは大いに謎である。

六代目山口組の分裂抗争が勃発してからほどなくして、再統合という和解に向けた話し合いが傘下団体の者同士で行われたようだったが、先記した穏健派の幹部のように自分の指まで詰めて訴えたのではなく、再統合に向けた条件の擦り合わせという政治的パフォーマンスに終始していた節があったことから、山口組の再統合に向かうことはなかった。

そして抗争の当事者のうちの誰かがハッキリとした勝利者となる場合だが、ヤクザの抗争の場合、勝利者をハッキリさせるのならばどちらかがどちらかに対して降伏して詫びを入れない限り抗争は続く。

たとえ相手の組長を殺害したとしてもすぐにそれに対する仇討ちが始まれば抗争は続く。三つの山口組の場合、どの団体に勝利者としての可能性があるのかと問われれば、その答えは、現状ではどこにもない、のである。三つの山口組は抗争の長期化のせいでどの団体も例外なく疲労困窮しており、組織としての戦闘力をみた場合、相手にトドメを刺すほどの余力があるとは到底感じられない。これまでに数多くの暴力事件や銃撃事件や殺人事件まで起こしてはいるが、そのどれもが決定打にはならず、逮捕者数を増やすばかりで、シノギにも困窮して三つの山口組は例外なく組織力が低下している。本味をいえば、もう生き残り合戦のような雰囲気まで感じられているところである。

よって三つの山口組による三つ巴の抗争劇は、勝利者をみつけにくい状況で完全に泥沼状態となってしまっている。とても残念であるとしかいいようがない。

そして2019年11月18日。熊本に本部を構える神戸山口組四代目大門会の清崎達也会長が道路工事の作業員になりすました六代目山口組二代目伊豆組系の組員に刃物で切りつけられた。

その翌日には北海道札幌市内で神戸山口組五龍会事務所に三代目弘道会系組員の運転する乗用車が突っ込んだ。

さらに2019年11月27日の夕方。尼崎市内の路上で、神戸山口組幹部の古川恵一幹部が六代目山口組二代目竹中組系の元組員に自動小銃で射殺された。

古川幹部の遺体は体のカタチが削れて変わるほど損傷していた。そしてこの元組員は古川幹部を殺ったその足で京都に向かい、京都市内に本部を構える神戸山口組幹部の雄成会の髙橋久雄会長の命も狙ったがその途中で当局に逮捕された。

古川幹部の殺害については、六代目山口組からすれば、敵対する神戸山口組の幹部を殺ったわけなので、一見、大金星のようにもみえるが、ヤクザ社会からみた評価は、実はかなり複雑なものだった。

抗争中における殺害行為の目的は、いうまでもなく敵方を降伏させるキッカケ作りとして組長を狙ったり、敵方の戦力を削ぎ落すためにキーマンとなる幹部を狙うのが常套である。また、それぞれの狙いに繋がる組員を殺そうとするものである。よってどれにも該当していない組員は抗争中であっても敵から狙われないことがある。皆殺しというやり方はあまりないのが普通である。

そして古川幹部は、どちらかといえば、キッカケ作りにもキーマンにも該当しない、抗争劇の物語としては命まで狙われる理由のない幹部だった。

古川幹部は、五代目山口組時代に若頭補佐を務めて山口組の御意見番といわれた古川組の古川雅章組長の実子だった。古川組は六代目発足時には六代目の舎弟を務めた。古川恵一は若いころ、ヤクザではなく、東京の銀座で飲食店を営むなどして堅気として生活していた。周囲の人たちからは、「けーちゃん」や「けーいっちゃん」と呼ばれて親しまれていた。彼が古川組の実子だということを知らない人も大勢いた。そして彼は結婚もして子宝にも恵まれていた。

実父である古川組長の体調不良を理由に、彼は当時の古川組の副組長を後見人として古川組に入った。しかしそれはヤクザ稼業に身を投げたというよりは、実父の事業を引き継ぐという面が大筋で、本人もヤクザとして立身出世を目指すよりも、率直に実家の仕事を継いだという感覚だった。

古川組もかなりの武闘派で鳴らした組ではあったが、古川組長が穏健な性格だったことから、堅気衆との付き合いもよく、古川幹部が古川組に入ったころは五代目山口組を代表する平和路線の組だった。ヤクザであり暴力団であるがゆえに多少の暴力事件を古川組も抱えてはいたが、基本路線はあくまでも平和路線だった。

古川組長の引退に伴って、古川恵一が二代目古川組の組長となって彼は六代目山口組の直系組長となった（2005年）。

古川恵一は出身が兵庫県尼崎市だったこともあって、人付き合いとしては神戸派だったが、神戸派を代表する山健組のようにドがつくほどのヤクザスタイルは堅気生活の長さから身についてはいなかったので、六代目山口組内で髙山若頭が徹底した互助会システムや名古屋方式にもすんなりと順応していた。まるで支社長が本社の社令に順応するかのように。

古川恵一はヤクザというよりは飲食店のオーナーや人のいい町工場の社長さんといったような人柄で、敵も少なく、むしろ友達のほうが多かった。こういうと古川恵一は殺るか殺られるかの渡世を歩むヤクザとしては面白味に欠けるタイプともとれるが、まさにそのとおりで、古川組の息子として生まれた運命を積極的に歩むというか、とにかく彼は実父のことが大好きだったので、父が作った古川組を何としてでも残したいという一念だけで二代目組長を頑張っていた。

ヤクザなら誰しもが1度や2度は組のガレージ当番や事務所当番をサボったりもする

が、彼は見事に皆勤賞だった。喧嘩や非合法ビジネスだけがヤクザのやることではないという言葉はまさに彼のためにあるかのようだった。

ヤクザの息子として生まれた者の全員が実父のようなヤクザになるわけでもないが、古川組長の頑張りについては本当に父親のことが大好きだったんだなと真摯に思わされてしまう限りである。

初代の古川組長と付き合いがあった多くの古参組長たちも二代目を暖かい目で見守っていた。

そして山口組が分裂した。古川組長は当初は六代目山口組に残ったが、その後の2015年に実父の人間関係やみずからの付き合いの基盤を重んじて神戸山口組に移籍した。そのさい、古川組長は六代目山口組側から激励金を受け取った翌日に移籍したため、六代目山口組からは盗っ人呼ばわりされて、その後、古川組長はいたるところでちょくちょく襲撃されるという不遇の時期を過ごすが、襲撃されても彼は毎回怪我だけですんだ。

古川組長からすれば、激励金については、くれたから貰った、といった程度の感覚だったようだ。今まで色々と総本部には現金を吸われてきたので、その一部がこういうカタチで自分のところに戻ってきたと思ったようで、六代目山口組を騙すつもりまではなかったそうである。

神戸山口組に移籍後は、自分を含めて神戸山口組の組員たちが六代目山口組側から度重なる襲撃や銃撃などを受け続けたが、古川組長は井上組長同様に沈黙を続けた。

やがて古川組長は神戸山口組の幹部に昇格するが、神戸山口組に移籍してから約2年後に、織田絆誠が任侠団体山口組（後の任侠山口組、現・絆會）を結成したさいに、二代目古川組の子分全員が任侠団体山口組に参加し、古川組長はひとり親方になってしまう。この時、古川組長は、「自分ひとりになっても二代目古川組を続ける」と話した。

この段階でも、古川組長は自宅付近などでちょくちょく襲撃されていたが、古川組長はひたすら生き延びた。日本最大の暴力団である六代目山口組からの襲撃をたったひとりで何度もかわし続けた。

その後、古川組長の雄姿に心を打たれた数名の組員たちが古川組長の下へ戻ってきて、古川組長はその者を三代目古川組長として自身は総裁となった。

これにて、古川組長は総裁になって古川組を三代目組長に譲ったことで『古川組を残す』という自らの責任を果たせたといえた。

古川恵一という男は、どうにかこうにか頑張って、日本最大の暴力団である六代目山口組からの度重なる襲撃を受けても、ひとりだけでひたすら耐えて、二代目古川組を三代目古川組へと繋いだのだった。近年、組の存続のためにたったひとりでここまで頑張ったヤクザもめずらしい。

「けーちゃん」「けーいっちゃん」と呼ばれて堅気の友達も多く、古川総裁自身も堅気としての生活が長かったため、彼のことをヤクザ者として認めない人もいたが、日本最大の暴力団である六代目山口組から、たったひとりの状態で幾度襲撃されても、二代目古川組の看板を死守して三代目へと道を作って見事に譲り渡した古川恵一は二代目古川組の立派な組長であり、立派な三代目総裁であり、立派なヤクザだった。そんな彼が自動小銃で惨殺された。

古川総裁は息子が経営している居酒屋を手伝っている時に、客のふりをして来店したヒットマンに、表にある車を動かしたいから後ろをみていて欲しいと頼まれた。人がいい古川総裁はふたつ返事でそれを引き受けて、バックオーライの掛け声でもしようという時に、車のなかから出された自動小銃で連続射撃された。15発は撃たれたそうである。

古川恵一射殺の一報を聞いた面々のなかには、

「なにも恵一のことを殺らなくてもいいだろう」

といった人々も数多くいた。

三つ巴の抗争劇のなかで、常に沈黙を続けて来た古川総裁を殺ったところでこの抗争に勝利するとでもいうのだろうか。抗争が劇的に終結に向かうとでもいうのだろうか。

この三つ巴の抗争は古川総裁が始めたわけではない。彼は三つ巴の抗争のなかで二代目古川組を死守することに専念していた。それ以上でもそれ以下でもなかった。

確かに、堅気生活が長くて抗争慣れしていなかった古川総裁はボディーガードもおらず、周囲も手薄で、狙う側からすれば狙いやすい存在だったかもしれない。しかし、だからといって彼のことを殺るのは決して巧い戦術とはいえないだろう。

古川総裁はれっきとした神戸山口組の幹部であることに間違いないのだが、実質的には抗争については限りなく部外者に近い存在である。そんな人を殺していったい何になるというのだろうか。

ヒットマンとなった男は、抗争に勝利することよりも、何らかのカタチで抗争を終結させるためのキッカケを作ることよりも、ただ単に自らのテガラを焦っただけのように見受けられる。抗争中に抗争相手の幹部クラスを殺ったとなれば確かにテガラではある。だがしかし、ヤクザの抗争はシューティングゲームではない。点数が高いほうが勝つというものでもない。抗争における殺しには意味がなければならない。それは抗争に勝つための殺しであり、抗争を終わらせるための殺しでなければならない。繰り返すが点取りゲームでもなければ自己顕示欲を満たすためだけの殺しであってはならない。そんなものはただの殺人鬼と同じである。ヤクザは殺人鬼ではない。やむにやまれぬ渡世のシガラミでお命を頂くのがヤクザの殺しである。

古川総裁の死は、ヤクザ社会全体に複雑な想いを張り巡らせた。実に惜しいヤクザが死んだといえる。

故・古川恵一氏に心からお悔み申し上げます。そして神戸山口組は更なる沈黙を続けたのだった。

五代目山健組組長の逮捕

ついで神戸山口組では2019年12月3日に神戸山口組若頭代行で五代目山健組の中田組長が、先の2019年8月に神戸市内にある弘道会神戸事務所前で起きた弘道会系組員銃撃事件の実行犯として当局に逮捕された。

逮捕の決め手となったのは、防犯カメラの映像で、弘道会神戸事務所前で銃撃をおこなったフルフェイスにスクーターの実行犯が、その後、神戸市内の中田組長の自宅に入ったことが、中田組長を実行犯とする特定原因だった。また、事件後に押収されたスクーターのなかに積まれていた物に中田組長と関係がある者(逮捕済み)の指紋が残っていたことも中田組長逮捕の要因とされている。

中田組長逮捕の一報はヤクザ社会のみならずマスコミを含めた堅気衆たちの間でも大いに話題を呼んだ。

「五代目山健組の組長がひとりでヒットマンをやるのだろうか?」

「子分はいなかったのだろうか？」

「フルフェイスのヘルメットの映像だけなのにどうして中田組長がやったといえるのだろうか？」

数々の疑問の声が方々から聞こえた。事件は六代目山口組の髙山若頭が府中刑務所を出所する約2ヶ月前に起きた。事件現場となった神戸市内にある弘道会神戸事務所はJR新神戸駅の裏手の閑静な住宅街にあり、日頃から弘道会系の組員がここで寝泊まりしていることも多く、髙山若頭が神戸を訪れたさいの別宅としても使用されていた。

神戸が神戸山口組の本拠地であるとはいえ、六代目山口組が総本部を神戸市内に構えている以上、神戸市内に六代目山口組の幹部たちの棲み処があるのは当然のことである。

そして当局の推測では、ここで事件が起きれば当然のごとく、建物が当局によって使用禁止にされるので、銃撃の意図は、髙山若頭が出所後にこの建物を使用できなくすることが狙いではなかろうかというものだった。

また、この銃撃事件の約4ヶ月前に五代目山健組の與若頭が三代目弘道会系の組員に刺されていることからその報復だったとも推測している。

2019年8月21日の夕方ごろ。軽自動車で買い物から戻った弘道会系の組員に1台のスクーターが近づいた。そしてフルフェイスのヘルメットを被ったままの人物がスクーターに乗ったまま片手で構えた拳銃から6発発射した。

発射された弾丸のうち3発が弘道会系組員の腕などに被弾した。フルフェイスの実行犯はそのままスクーターで現場から逃走した。そして前述した逮捕理由により中田組長が当局によって逮捕されたのだった。

中田組長自身が実行犯となったのは、一説によると、中田組長は過去に配下の組員の証言によって逮捕起訴された経験があることから、犯行の極秘性を保つために今回はみずから単独でやったのではないかともいわれてはいるが、山口組の場合は、二次団体や三次団体の組長クラスが直接ヒットマンをやったり、上部団体の組長のボディーガードとして直接銃撃戦に参加することは昔からあった。山健組でいえば、初代のヤマケンさんは自分で拳銃を持って走り回っていた。

ようするに、自分がやりたいからやるのである。ヤクザの集団や複数の暴力団がひとつの組織として整理されていることが一般的な関東の団体からみれば、組織や団体のトップがみずからヒットマンや襲撃の実行役をやることは考えにくいだろう。そこには長期服役のリスクがあり、トップが長期服役をしてしまうと組織的に団体を維持することが難しくもなり、極力、組長クラスの長期服役は避けたいところなのかもしれないが、関西や西日本の団体となると、そこの解釈がやや変わり、トップが長期服役をしたさいは配下の子分たちは組織や団体を維持してトップの社会復帰を待っていればいいだけの話であり、また、組長クラスとはいえ、どうしても自分で実行役をやりたい場合は躊躇なくやってしまうのが関西や西日本のヤクザの特徴である。

配下の子分のことを信用できないからなどではなく、自分が極道としてやらなければならないと感じたからやるのである。

中田組長の逮捕について、関東では、主に、

「山健組も組員がいないんだろう」

「中田組長は組員を信用できないんだろう」

といった声がよく聞こえたが、関西ではこういった関東の声とは真逆で、

「自分ひとりで行くなんて流石や」

「やっぱり組長ならみずから行ってナンボや」

「中田組長は根性の座っとる人や」

と称賛する声が多い。

東と西でこうも解釈が違うところもおもしろいが、実際のところ、中田組長本人がひとりで実行役となったのか、子分の誰かがそれなりの行動理由を持って実行役となったのか、もしくはまったく別の筋の者が実行役になったのかは、大いなる謎である。

なにしろ、中田組長逮捕の決め手となった防犯カメラの映像では実行犯はフルフェイスのヘルメットを被りっぱなしで素顔を特定できないからである。

逮捕状況としてはそれ以外の物的証拠や証言証拠なども公判維持のために当局によって揃えられているはずだが、そのすべてが中田組長の実行犯説を立証できるかは謎だ。

ちなみに公安委員会による意見聴取会に出席した神戸山口組の幹部はこの事件の容疑者が中田組長であることについて「真実ではないと思います」と陳述している。

三つの山口組による三つ巴の抗争が長期泥沼化している状況から推測すれば、これ以上の抗争拡大を阻止するため、当局が証拠不充分を承知の上で中田組長のことを当該容疑者であるとあえてみなして逮捕した可能性も充分にある。

とにもかくにも、この段階において、神戸山口組の若頭代行であり、五代目山健組組長という重役が社会不在となってしまった。このことは組織的には間違いなく痛手である。

中田組長には五代目山健組内部の建て直し強化とそれによる神戸山口組内の強化が井上組長直々に求められていただけに、中田組長の逮捕収監は五代目山健組と神戸山口組の組織的活動のスピードを大幅に遅らせることとなった。

それにしても神戸山口組の井上組長は不思議な運を背負った人物だといわれている。井上組長自身は四代目健竜会会長、四代目山健組組長、そして神戸山口組組長とヤクザ史にその名を深く残すほどの実績と経歴の持ち主なのだが四代目山健組組長時代には、これから名古屋派とどう対峙していくかという重要な時期に、多三郎一家総長殺害事件で右腕だった山本若頭を失い、神戸山口組が設立してこれからどのように六代目山口組と対峙していくのかという重要な時期に、腹心だった織田副組長を失い、髙山若頭の出所にともなって神戸山口組として三つ巴の抗争をこれからどうしていくのかという重要な時期に弘道会系組員への銃撃による殺人未遂事件で頼りにしていた中田組長を失った。

ある戦国大名は立派な家来がいたからこそ戦に勝てたといい、ある企業家は優秀な部下に恵まれたからこそ会社の業績が伸びたという。

井上組長は戦国大名でも企業家でもないが、立派な家来や優秀な部下の必要性はヤクザにも当てはまり、右腕や腹心と呼べる子分がいることで組長自身の活動も大きく伸びることはいうまでもないだろう。

しかし井上組長の場合は、いつもここぞという時に、右腕や腹心クラスの子分が消えてしまうのである。これはどうみてもとても残念な運を背負っているといえるのではないだろうか。

決して人望が薄い人物ではなく、井上組長はそれなりに人気のある人なのだが、右腕も腹心も消えてしまい、どういうわけか波がきてもその波に乗り切れないというもどかしさがある。

別の見方をすれば、山本若頭の件も、織田副組長の件も、中田組長の件も、弘道会の存在が関係していることから、これは井上組長の運ではなく、弘道会が井上組長の行く手を巧妙に阻止しているといえなくもないが、普通に考えたらやはり井上組長は何か不思議な運を背負った人物であるといえるのではないだろうか。

ある人は、井上組長には多三郎一家総長殺害事件の呪いがかかっているのではないか、という。随分と馬鹿げた話だが、その後の井上組長の周辺状況をみると確かに呪いでもかけられているのではないかと憶測してしまうような状況が続いている。繰り返すがこれは実に馬鹿げた話かもしれないが、このさい思いきって、井上組長は厄除けでもしてみてはどうだろうか。それはもちろん、井上組長自身のためでもあり、また神戸山口組のためでもあり、そしてそのことが三つ巴の抗争終結のひとつのキッカケにでもなればこれ幸いなのである。

『数は力なり』の理論で全盛期には7000人以上の総組員数を誇った山健組とはいえ、現状では総組員数が300名にも届かないところまで縮小した。抗争が長期泥沼化することで六代目山口組も神戸山口組も任侠山口組（現・絆會）も配下の組員たちだけでなく団体としてもかなり困窮している。そして世間様にも多大なる迷惑をかけ続けている。

今のところ、六代目山口組には分裂状況に対して『神戸もなかなかやるじゃないか。これも時代の流れとして認めよう』という懐の深さはない。

ひと言めにはヤクザ渡世の掟だと、破門にした者の存在は認めないと、それらしいことばかりを述べるが、任侠道に立ち返った場合、任侠道にはそもそも破門などという考え方はない。破門というものはあくまでも会則であり組織論でしかない。

ヤクザという社会最下層で同じ境遇の者たちが紆余曲折を経て、お互いを許して認めあうことは、それこそ相互扶助の基本原理であり、任侠精神の基本的な考え方だともいえる。前例がなければ今ここで前例を作ればいいだけのことである。

繰り返すが、脱会者や破門者に対する掟やメンツといったものは任侠精神ではなく、それは会則であり組織論である。たしかにこれは渡世の掟でもあるが、渡世の掟よりもヤクザが侠客だというのならば任侠精神を優先すべきではないだろうか。

あまりにメンツや会則にこだわりすぎて、それを渡世の掟だといい張ると、それは任侠道が持つ本来の意味を超越して、単なる暴力団の理論に陥ってしまう恐れもあるのではないだろうか。

神戸山口組でいえば、渡世の掟や組織論ともいうべき会則に従えば『存在しているだ

け で勝ち』という考えにもなるが、抗争が長期泥沼化してしまっている以上、それはそれで任侠精神とはかけ離れた考え方に陥ってしまっているのではないだろうか。渡世の掟というものに固執するばかりに組員の犠牲や支援者や世間様への迷惑というものを忘れてしまっているのではないだろうか。

確かに神戸山口組の分裂抗争に対する姿勢は『こちらからは仕掛けずに、相手が来たらやる』である。抗争に非積極的なのは理解できるが、抗争が長期泥沼化してしまっている以上、そもそも抗争をする気がないとアピールするのなら、抗争終結に向けたアプローチを積極的にしてみてもいいのではないだろうか。

この世に現在の暴力団を応援する人は少ない。ヤクザを好む人も少ないかもしれないが、ヤクザに感謝をする人は昔からいた。ヤクザが救った人々も少なからずいた。今の三つの山口組に感謝をする人ははたしているのだろうか。

ヤクザとは何なのか。そして任侠道とは何なのか。三つの山口組は今回の分裂抗争をいい機会にして、今一度このことを考え直してその答えを改めてだしてもいい時節を迎えているのではないだろうか。

団体や組織を拡大させて勢力図を広げるのもいい。豊富な資金を背景にして経済活動をしたり非合法ビジネスを展開したり、時には札束で人の顔を叩くのも結構だが、絶対にひとりひとりが歴史あるヤクザ渡世に身を置いていることを忘れてはならない。

暴力団は喧嘩に負ければ飯が食えんようになるともいわれているが、もうそろそろ恐れられてナンボの暴力団節は戒めてもいいのではないだろうか。暴力団として飯を食うことよりもヤクザとして飯を食うことを考えてみてはいかがだろうか。

暴力団員は暴力団に属していなければ暴力団員に成れないが、ヤクザは組織や団体に属していなくてもヤクザである。

喧嘩はヤクザの専売特許ともいわれるが、それは威勢のよさの話であり、法律よりも道理を優先させるがゆえの喧嘩という人間味に溢れた行動力のたとえであり、他者を傷つけて屈服させたり殺人を犯していうことを聞かせるというような内容ではない。たとえ喧嘩相手でも無抵抗の者に対しては手をださないのがヤクザの喧嘩でもある。

三つの山口組のなかで、主に六代目山口組と神戸山口組のふたつの団体の関係が修復されれば三つ巴の抗争は直ちに終結するだろう。

ヤクザとして『水に流す』

これまでの分裂抗争模様をみれば、死者を伴う多くの犠牲を払っているため、両者間の関係修復はそう簡単にはいかないのも自然なことではあるが、六代目山口組も神戸山口組もヤクザとして、『水に流す』という言葉を思い出してほしい。

抗争での犠牲者については各組がそれぞれ責任をもって供養したり世話をするものとして、今後一切の無益な殺生をなくすべく、すべてを『水に流す』こともヤクザとしての英断といえるのではないだろうか。

そのためには、まずは六代目山口組と神戸山口組は無条件の休戦協定を結ぶべきである。これは事実上の和解や抗争終結ともいえるが、和解や手打ちの仲裁役探しで苦労するぐらいならいっそのこと休戦協定という手法を用いるべきである。休戦協定なら仲裁役がいなくとも双方の事情だけを台紙にして締結することが可能である。政治家や軍隊などではないのでわざわざ協定書や合意書などを作成する必要はないだろう。それぞれの組長が、「そうする」と決めればいいだけのことである。これは繰り返すが、事実上の和解や抗争終結ともいえるが、正式には和解ではなく休戦である。

よって両者が抗争状態にあることに変わりはなく抗争中における休戦というカタチなのである。ここにはお互いに様子をみることに専念できる時間を持つという意味合いもある。これだけでも今の長期泥沼化した分裂抗争模様は大きく改善されるはずである。

その上で、時間を掛けて抗争終結に向けた本格的な会議を設けるべきではないだろうか。これは単なる話し合いでケリをつけるというレベルのものではなく、無益な殺生をなくして相互扶助を念頭に置いた任侠精神に則って段階的に開催された会議であると理解すべきである。そしてすべてを『水に流して』心を入れ替える、というのが大前提であり、また目標でもある。

これまでの抗争で犠牲を伴っている以上、だからこそ戦い続けなければならない、ではなく、『犠牲を出したからこそ心を入れ替える』のである。六代目山口組と神戸山口組のどちらかがどちらかに詫びるのではなく、両者が各自の犠牲者に対して詫びることから始めるべきである。

以前、これと似たような話し合いが有志により水面下で設けられたことがあった。その時は、それぞれが気に入らない幹部陣の引退が融和条件にあがり、まるで陣取りゲームか人事会議のような話し合いにしかならず、これといった結論には至らなかった。

ここでいうところの休戦協定を経た会議では、引退をうながすのではなく、むしろ逆に、引退する前に該当者にはやるべきことをやってもらわなければならないという考え方を持つべきである。それは犠牲者への供養であり、困窮した山口組の巻き返しと将来設計である。いつまでも抗争を続けていたらこういうことがまったくできない。

一度割れてしまった物はそう簡単には元には戻らない。だからこそ、この休戦協定を経た会議には並々ならぬ時間と労力が伴うことになる。クラッシュ&ビルドというように、一度壊して新たに建て直すことでそれまで以上に優れた物になったり原点に戻れたりもする。山口組は分裂と抗争の長期泥沼化によってもう充分にクラッシュして破壊されたはずである。

そろそろ新たに建て直す時期を迎えているのではないだろうか。そこに相当の時間と労力が伴うことは当然のことである。

ヤクザとは何か。任侠とは何か。それが三つの山口組にとっての最大のテーマであることに間違いはないはずである。

そんな泥沼のなかで対峙する六代目山口組と神戸山口組は、2020年1月7日に兵庫、大阪などの6府県の公安委員会より『特定抗争指定暴力団』に指定された。

この指定により、警戒区域内でおおむね5人以上が集まったり、事務所の使用や新設、対立組織の組員につきまとうなどの行為が禁止された。指定は3ヶ月間更新で、抗争の終結が当局によって確認されるまで何度でも更新され続ける。

指定後の六代目山口組と神戸山口組は警戒区域の外で会合を開くことが多くなった。抗争中だから仕方ないと思うか、世間に迷惑をかけていると思うかは関係各位の心持ちひとつである。

非分裂抗争、再統合、脱反社　絆會の存在

三つ目の山口組といわれるこの団体は、四代目山健組の織田絆誠副組長と山健組内に

存在していた織田一門、そして神戸山口組若頭補佐だった四代目真壁組の池田幸治組長らが中心となって神戸山口組から離脱して兵庫県尼崎市内に本部を設置し結成された。離脱組は約30団体に及んだ。

当初は任侠団体山口組（2017年4月）と名乗り、六代目山口組からの離脱者たちも吸収して、その後に任侠山口組（2017年8月）と団体名称を改名した。

織田絆誠が団体の代表を務め、池田組長がナンバーツー役を務めて『脱反社会的組織』『山口組を元の姿に戻す』『再統合に向けた受け皿』といった団体意義を掲げた。

暴力団の習慣を嫌い、任侠精神に基づいた親睦団体のような性格を持ち、結成当初からメンバーのひとりひとりが正業を持てるように励んでいたが、元々は山口組という指定暴力団出身者ばかりだったために暴力団特有の非合法ビジネスで当局に逮捕されるメンバーも多く、また三つ目の山口組として六代目山口組や神戸山口組との三つ巴の抗争に参戦していったことから2018年3月に兵庫県公安委員会から指定暴力団としての指定を受けた。

織田代表は四代目山健組副長時代に、四代目山健組が発足すると同時に井上組長の命を受けて高齢化していた四代目山健組内の若返りに尽力した人物である。みずから東日本エリアも訪れて、各傘下団体と丁寧な対話を続けながらそれぞれの団体の若返り人事を成功させた。

ゆえに四代目山健組が六代目山口組から離脱して神戸山口組の中核団体となったさいは、全国各地の傘下団体からの問い合わせが神戸山口組の織田若頭代行（役職当時）のもとに数多く寄せられた。

「分裂するなんて聞いてなかった」

「どうなるのか？」

「再統合するのか？」

「抗争か？」

傘下団体からのこういった問い合わせはすべて織田若頭代行が対応することとなり、それが全国各地での『練り歩き』となった。その様子はマスコミなどでも広く取り上げられて大きな話題となった。

おそらく、神戸山口組発足時に、各傘下団体の組員たちの、いわゆる生の声というものを直接聞いて歩いたのは神戸山口組の幹部の中でも織田若頭代行だけだろう。

生の声には、分裂を喜ぶ声もあったが、分裂や抗争を嫌い、再統合を願う声も多かった。

「いつまでやるんですか？」

「再統合しないんですか？」

「なんでこんなことになっとるんですか？」

そもそも分裂については、それ以前に何も聞かされていない傘下団体（三次や四次）も多く、まさに寝耳に水の状態での分裂と神戸山口組の立ち上げ状況だった。

神戸山口組は、去る者は追わずという姿勢だったので、各傘下団体の組員たちは状況を『目でみて確認』しながら、織田若頭代行との対話のなかで、神戸山口組として活動を続けることにした組員たちも多かった。

六代目山口組と神戸山口組の分裂抗争が続くなかで、それぞれ、自然と抗争を嫌い、再統合を願う想いが強まった組員たちはこぞって織田若頭代行に抗争終結と山口組の再統合への相談を持ち掛けるようになった。

「上が勝手に揉めとるだけでしょうが」

「やるんだったらやってもいいんですけど、なんで待機なんですか？」

「やらんのやったらやめましょうや」

織田若頭代行自身もどちらかといえば抗争を続けるよりも再統合を願っており、こうした想いと多くの組員たちからの問い合わせ内容がひとつとなって神戸山口組から離脱し、三つ目の山口組が誕生した。

再統合をテーマにあえて四菱の代紋をあしらった三つ目の山口組の長となった織田代表は水面下で六代目山口組幹部たちと再統合に向けた会談を持ったものの、会談は双方の条件が合わずに決裂して三つ巴の抗争劇に陥ったが、この団体のメンバーたちはそもそも分裂抗争を嫌っていたため、三つ巴の抗争劇といっても彼らは消極的で、どちらかといえば、六代目山口組と神戸山口組の分裂抗争に巻き込まれたという流れだった。結果的には、この団体の存在が分裂抗争をより複雑なものにして長期泥沼化の要因のひとつともなってしまった。

しかしこれは、この団体の構成員たちの多くが年齢的に若手のメンバーが中心だったことから、出る杭は打つといったような日本社会の悪い習慣が六代目山口組と神戸山口組の幹部たちの間にも蔓延していたことを表出させたのかもしれない。

年齢や立場はどうあれ、もう少し、六代目山口組と神戸山口組に若手の言い分を聞き入れる懐の深さがあったら、状況はまた違っていたのかもしれない。

それでも織田代表を始めとしたこの団体のメンバーたちの意思は、非分裂抗争、再統合、脱反社であり、その意思に沿って試行錯誤を続けた結果、

『まずは三つ巴の抗争から自分たちが降りる』

といった考え方を第一として、それまで任侠山口組と名乗っていた団体名称を『絆會』と改めた（2020年1月12日）。

団体名称から山口組の文字を完全に消し去り、もう四菱の代紋も使用しないことで、彼らは三つ巴の抗争から自ら降りた。

そこにはいうまでもなく、三つ巴の抗争の相関図だった三角関係が解体されることで分裂抗争そのものが終結してくれたらいいという願いが込められていた。これは三つ巴の抗争における敗北後の戦後処理ではなく、抗争の長期泥沼化を嫌った脱却であり発展

であり進化を目指したものである。

またふたつの山口組が特定抗争指定暴力団の指定を受けたことから考えれば、このさい、思い切って山口組の文字を団体名称から消し去ることのほうが、団体としての意思表示としてわかりやすいといった判断もあった。

絆會に名称変更したさい、全国の関係者たちの間で、絆會は早々に解散する予定だという噂が流れた。

その噂は半分事実で半分間違っていた。

絆會に暴力団を続けていくという意思はない。よって当初は、三つ巴の抗争から降りるだけでなく、任侠山口組自体を解散させてしまう計画もあった。その上で、織田代表を始めとするメンバー全員が堅気となって、絆會という任意団体のような堅気の集まりを作ればいいというものだった。

しかしメンバーには、急に堅気になることに抵抗を持つ者たちもいた。これは締まりが悪いとか、団体としての統率がとれていないといったレベルの話ではなく、若手とはいえ人生の大半をヤクザとして生きてきた以上、今さら急に生き方を変えられないという正直な本音だった。

堅気になる度胸がないというようなレベルの話でもなく、彼らは今後もヤクザとして生きていく覚悟がある連中なのである。

そんな彼らへの配慮もあって、急な変化による被害者を出現させないために、任侠山口組は解散せずに、団体名称を改めるだけとした。この辺のやり取りが外部や関係者の間に知れ渡って、絆會が早々に解散するかもしれないという噂になったようだ。

とりあえず絆會には脱反社という目標がある限り、いずれは少しずつ時間を掛けて組織改革なり意識改革なりがおこなわれて堅気の団体へと進化していくかもしれない。

古川総裁射殺で消えたヤクザの美学

またもうひとつ織田代表が絆會へと名称変更したキッカケは、六代目山口組二代目竹中組元組員による神戸山口組幹部三代目古川組の古川総裁射殺事件だった。

古川総裁が尼崎市を中心に活動していたこともあって、織田代表だけでなく傘下メンバーたちも古川総裁とは面識があり、古川総裁の人柄のよさをよく知っていた。何かと暗い話題が多いヤクザ社会や暴力団業界のなかで、ひときわ、お笑い芸人のような痛快な楽しさを周囲に提供し続けてくれるのが古川総裁だった。行きつけの焼鳥屋では隣にたまたま居合わせた堅気衆たちと世間話で盛り上がることもしばしばだった。

古川総裁射殺の一報を知った時、織田代表だけでなく古川総裁のことを知るメンバーたちの全員が、

「どうして古川さんが……」

という悔しくて悲しい気持ちになったという。

どう考えても、古川総裁は神戸山口組の幹部とはいえ、この抗争で命を狙われるようなキーマンではない。

そもそも神戸山口組は、こちらからは仕掛けない、という方針を執っており、古川総裁自身でいえば、彼は神戸山口組の立ち上げメンバーでもなければ、この抗争における戦闘行為に積極的に加わっていたわけでもない。

六代目山口組の情報網をもってすれば、古川総裁がすでに非戦闘状態で、三代目古川

本書をお買い求めの書店

本書をお買い求めになったきっかけ

本書をお読みになってのご意見・ご感想をご記入ください。

＊ご投稿いただいた感想は、宣伝・広告の目的で使用させていただくことがございます。あらかじめご了承ください。
＊太田出版公式HP（http://www.ohtabooks.com/）でもご意見を募集しております。

郵便はがき

お手数ですが
切手を
お貼りください

160-8792

184

東京都新宿区愛住町22
第3山田ビル 4F

(株)太田出版
読者はがき係 行

お買い上げになった本のタイトル：

お名前		性別	男・女	年齢	歳
ご住所	〒				
お電話		ご職業	1. 会社員 2. マスコミ関係者 3. 学生 4. 自営業 5. アルバイト 6. 公務員 7. 無職 8. その他（　）		
e-mail					

記入していただいた個人情報は、アンケート収集ほか、太田出版からお客様宛ての情報発信に使わせていただきます。

太田出版からの情報を希望されない方は以下にチェックを入れてください。

□ 太田出版からの情報を希望しない。

組の総裁職という、組長の座を二代目から三代目組長へと譲り渡して現場からは一段、退いた立場の人になっていたことぐらいはよく理解していたはずである。間違いなく古川総裁は非戦闘員だった。

そんな古川総裁のことを白昼堂々と自動小銃で射殺するとは、それはもう単なる狂った暴力行為でしかない。しかも息子さんが経営している居酒屋の前で、である。親族の目前、親族関係の周辺では殺しはしないというのがヤクザの美学だったが、その意識ももう完全に薄れ切っていた。

五代目山口組時代、ある古参幹部が、銃刀法違反で逮捕されたことがあった。ヤクザであり暴力団員であればそんなことは日常茶飯事かもしれないが、このときは家族と共に食事を終えた飲食店の店先で、家族の目の前で当局がこの古参幹部を逮捕したのだった。これについて、五代目山口組は全体で当局に抗議したことがあった。

「逮捕はしょうがないとしても、いくら何でも家族の目の前でわざわざ逮捕することもないやろう」

当局にヤクザの美学を問うても、当局はヤクザではないのであまり意味はなかったかもしれないが、当局に対してでさえ抗議するぐらいなので、ヤクザ同士であればそれはなおさらである。ヤクザがヤクザとしてヤクザの美学をヤクザに問うことは当然の話である。

古川総裁を射殺した犯人は、二代目竹中組系の団体からすでに破門にされていた元組員だったそうだが、経歴からいえばヤクザの美学を知らないはずもなく、また、破門にされて今はもう堅気になっていたとはいえ、抗争に積極的に参加しているわけなので、堅気だから知らぬ存ぜぬは通用しない。

古川総裁射殺の状況を織田代表や傘下メンバーたちが知ったとき、彼らは自分たちが山口組の文字が入った団体名称を名乗っていることをとても恥ずかしく感じたそうである。そして自分たちの団体名称から山口組の文字を消して、新たに、絆會としたのだった。そこには六代目山口組と神戸山口組が続けている抗争の無意味さも加味されていた。

とにかく任侠山口組が絆會となったことで、俗にいう三つの山口組という三角関係の相関図は事実上解体された。それにともなって三つ巴の抗争は、六代目山口組と神戸山口組だけの分裂抗争劇となった。

第四章
2020年のヤクザ

暴排条例『五年間条項』が暴力団からの離脱を阻んでいる

絆會は特定抗争指定暴力団ではなく、2020年2月に兵庫県公安委員会から指定暴力団として指定されたが、今後も脱反社を目指して試行錯誤を続けるだろう。

その具体策としては、絆會のメンバー全員がいち早く正業に就くことだと予想されるが、法律上、ヤクザが正業を持つことが非常に困難な時代でもある。

仮にヤクザを辞めたとしても、暴排条例が内包する通称『元暴五年条項』の問題がある。これはヤクザを辞めて堅気になってもその後5年間は銀行口座の開設もできなければ保険加入も許されず、スマホの契約も制限を受けるという現役暴力団さながらの社会的制約を受けるものである。アルバイトを申し込むのにもスマホで申し込み登録をするのが一般的な現代社会において、こういった制限はむしろ法律による就業妨害といえるのではないだろうか。

この問題のせいで、ヤクザを辞めたとしても年齢的に苦しくてヤクザを辞められないという事案が多発している。

たとえば、高齢化したヤクザ社会において、70歳で引退を決意したとしても、そこから5年間も現役ヤクザ同様の社会的制限を受けることに引退の意味があるのだろうか。だったらこのまま死ぬまでヤクザでいくしかないか、となってしまうだろう。40歳代の現役組員がヤクザを辞める決意をしても、むこう5年間も現役時代同様の制約を科せられるのであれば、せっかく堅気になっても現実的には就職することすらままならない。堅気の40歳代の再就職や転職ですら難しいのが日本社会の特徴である。

資料によると2010年に福岡県を最初として全国で元暴五年条項が施行されてから2018年までの9年間の全国暴力団離脱者の人数が5453人なのに対して就職者数は165人でその率はたったの3％程度でしかない。

就職率の低さからいって、これは離脱者である本人たちのやる気の問題というよりは、やはり元暴五年条項の壁が障害や弊害として存在していることを物語っているのではないだろうか。

今後、絆會もきっとこういった問題と対峙していくことになるのだろう。もしかしたら、ヤクザを辞めなくても、ヤクザが今以上に任侠を重んじるヤクザらしく変わることで、解決の突破口がみえてくるのかもしれない。

少しややこしい話になるが、任侠修行は暴力団員でなければできないというものではない。修行をする上で、団体や組織に属していたほうがなにかと都合がいいといった程度のことで、必ずそうでなければならないという話はない。また、暴力団に属していなければヤクザでいることができないというわけでもない。ヤクザはひとりでもできる。そして現在の暴力団やヤクザ団体は任侠修行をする場として適切なのだろうか。昔は、とか、あのころは、ではなく、現在のところはどうなのだろうか。やりにくければ暴力団やヤクザ団体から離脱することも必要なのではないだろうか。そうなると元暴五年条項がとても邪魔になる。本当にやっかいな仕組みが作られたとしかいいようがない。これは暴力団やヤクザ団体を生殺しにするようなものでしかない。元暴五年条項のおかげで新たに暴力団員になろうとする者は劇的に減っただろう。理屈からいえばそうなると暴力団は続かなくなり消滅してしまうが、元暴五年条項のせいで現役の暴力団員たちが辞めづらくなっているので、現在の暴力団は結果的にねばり強く存続するしか道がない。

『続くわけではないが無くなるわけでもない』という微妙な状況ができあがってしまっている。まさに生殺し状態である。任侠修行を目指して離脱を考える者にもこのような生殺し状態や社会的ハンデキャップを負わすような社会は決してまともではない。社会システムが人間の生きる道をひとつ閉ざしたとしかいいようがない。まさに反人道的であるとしかいいようがない。だが言い換えれば任侠修行とは常に逆境である。よって暴力団を離脱して、元暴五年条項に支配された苦しい時代をくぐり抜けることで、もしかしたらその者はとてつもない修行をやり抜いたことになるかもしれない。現在の暴力団に5年間在籍するよりも元暴五年条項に支配された5年間をやり抜くほうがもしかしたらよっぽど重い任侠修行を積んだことになるかもしれない。

確かに修行というものは本人の心がけひとつでどこでもできる。しかし修行環境が修行のスピードや内容を飛躍的に向上させることはよくある。

元暴五年条項というシステムは人道的にみれば誰がどうみても愚法でしかない。しかし視点を切り替えれば、暴力団から離脱して元暴五年条項という愚法に支配された生活に猛然と挑む者や果敢にそれをやり抜いた者については大きな賞賛と多大な高評価をしてもいいのではないだろうか。

暴力団やヤクザ団体に属することだけが任侠修行ではない。それはあくまでもひとつの方法論にすぎない。修行の道は無数にある。あまり我見に陥ることはおすすめできないが、任侠修行の道は決してひとつではない。

特定抗争指定暴力団

2020年1月7日、六代目山口組と神戸山口組は兵庫、京都、大阪、愛知、岐阜、三重6府県の公安委員会から『特定抗争指定暴力団』に指定された。

特定抗争指定暴力団とは、指定暴力団のうち対立抗争による凶器を使用した暴力行為が人の生命、または身体に重大な危害を加える恐れがあると認められるとき、より厳しい規制を課す目的で特に定められた組織のことであり、その指定については暴対法により各都道府県の公安委員会によって期間（3ヶ月）と警戒区域を定めて指定されるものである。

指定されると、

・事務所等の新設

・指定された組織の暴力団員やその要求や依頼を受けた者が事務所に出入りすること

・対立組織の事務所及び組員の居宅付近をうろつくこと

・同じ指定組織の組員が五人以上集まること

の4項目とそれにみなされた行為などが禁止され、禁止行為が発見されると逮捕され刑罰となる。

六代目山口組と神戸山口組の場合は、6府県から指定され、指定府県内の神戸市、尼崎市、淡路市、姫路市、南あわじ市、大阪市、豊中市、京都市、名古屋市、岐阜市、三重県桑名市の合計11市が指定とともに警戒区域とされた。

加えて、警戒区域内の飲食店等で『暴力団入店お断り』の札が掲げられている店に特定抗争指定暴力団の暴力団員が入店した場合、警戒区域内に限り、当局による注意だけでは済まされずに逮捕される可能性もあるという。

また警戒区域内の居酒屋などで偶然的に組員同士が顔をあわせた結果、5人以上になってしまった場合でも即逮捕である。

指定の解除については、当局が抗争終結と認めた場合のみで、具体的には、六代目山口組と神戸山口組の双方から抗争終結宣言がだされなければ解除にはならないそうである。つまり、六代目山口組と神戸山口組と当局の3者間で抗争終結の確認が取れなければ特定抗争指定暴力団の更新は3ヶ月ごとに延々と続くのである。

指定後に当局は、まず神戸山口組五代目山健組の藤岡宏文若頭補佐を恐喝容疑で逮捕したのを皮切りに、神戸山口組幹部で邦楽會の福原辰広会長を電磁的公正証書原本不実記載同供用の容疑で逮捕、神戸山口組舎弟で二代目中野組の小嶋恵介組長を恐喝容疑で逮捕した。

六代目山口組に対しては、二代目兼一会の植野雄仁会長を傷害容疑で逮捕し、三代目弘道会の統括委員長である十代目稲葉地一家の松山猛総長を風営法違反容疑で逮捕した。松山総長はその後も同容疑の重複で再逮捕された。

逮捕された誰しもが今のところはまだ特定抗争指定暴力団の罰則を受けたわけではないが、別件とはいえ、このような指定後の連続逮捕劇をみると抗争終結に向けた当局の本気度がうかがえた。

六代目山口組では特定抗争指定暴力団対策マニュアルのような物が傘下団体に配られた。対策マニュアルといっても、どうすれば法の眼をかい潜れるか？　といったようなものではなく、先記したとおり、即逮捕要件の具体例が並べられているものだった。

神戸山口組では対策マニュアルのような物の配布は特になかったが、六代目山口組が関係する警戒区域よりも神戸山口組が関係する警戒区域のほうが多かったことから、即逮捕ともなりえる組員同士の5人集合には気をつけようといった程度だった。

ふたつの山口組の抗争に対する神戸山口組は『存在しているだけで勝ち』『来たらやる』という方針をとっているだけに、特定抗争指定暴力団の指定についてはさほど神経質にはなってはいないようだ。

これに対して六代目山口組は高山若頭の出所にともなって、神戸山口組への攻撃が活発化しているため、対策マニュアルの配布などを実施して対応しているようだった。

ヤクザと新型コロナ禍

そんななか、全世界で新型コロナウイルスの感染が広まった。中国湖北省にある武漢市から始まった新型コロナウイルス拡大（2019年12月〜）は、当初、原因不明のウイルス性肺炎と目され、治療薬がみつからないまま感染者約44名が放置されて武漢市内での感染が拡大した。

2020年1月には新型コロナウイルスと命名され武漢市内で最初の感染死亡者が発生してWHO（世界保健機関）が「武漢市でインフルエンザに似た症状が相次いで発生」と公表したことから瞬く間に全世界中で知られるようになるも、依然として治療薬がみつからず、感染の拡大防止を狙って中国政府による武漢市封鎖がおこなわれたが、すでにタイでは武漢市から観光に訪れた中国人女性の感染が確認され、日本でも武漢市から帰国した神奈川県在住の30歳代の男性や中国人観光客を送迎した奈良県在住の60歳代のバス運転手の男性の感染が確認され、新型コロナウイルスの世界蔓延はもう時間の問題といわれるようになった。

その後も武漢市内では感染死亡者数が日に日に増え続けた。そのなかには日本人も1名いた。そして日本政府は武漢市にいた在留邦人をチャーター機で帰国させたが、206人の帰国者のうち3人の感染者がいた。その後も武漢市と日本とを往復するチャーター便は飛び続けた。

この時点で中国本土ではすでに1万人以上もの感染者が確認されており、またヨーロッパ各国でも感染者の発生が確認された。

WHOは「国際的な公衆衛生上の緊急事態」を宣言し、日本政府は新型コロナウイルスによる感染症法の『指定感染症』として検疫法上の『検疫感染症』とする政令を施行した（2020年1月）。それと同時に武漢市がある中国湖北省からの外国人の入国を拒否した。

横浜港に停泊していたクルーズ船・ダイヤモンド・プリンセス内で集団感染が発生していたにもかかわらず、日本政府はこれといった具体的処置を施さずに約1ヶ月間も横浜港に停泊を続けさせて船内で重傷者を多数発生させた。そして重症感染者を治療のために下船させたが、時すでに遅しで死亡者が出てしまった。また下船のさいに自宅へ戻らせた日本人が各県内で発症した。

人から人へと感染する新型コロナウイルスは感染から発症まで約2週間程度の潜伏期間があり、潜伏期間中にも感染してしまうため、この時点で日本国内における感染者数は推定多数となった。それは日本国内での感染拡大が決定づけられたも同然だった。

日本政府は2月末にはスポーツや文化イベントの自粛を要請し、3月から全国の小中高を臨時休校とし、新型コロナウイルス特措法が成立した。

この時点で世界中の新型コロナウイルス感染者数は25万人を超え、感染スピードは3週間で5万人が確実に感染するという速さだった。

WHOは『パンデミック（世界大流行）』を宣言したが、依然として治療薬はみつからず、世界的感染拡大への対抗策は皆無だった。

パンデミック宣言を受けて世界オリンピック委員会は本年開催予定だった東京オリンピックの開催延期を発表した。

そして2020年4月7日、日本政府は『緊急事態宣言』を発令した。この時点で新型コロナウイルスの国内感染者数は5000人を超えており、3日で1000人が感染するという感染スピードに達していた。全世界の感染者総数は177万人を超えていたものの、なお治療薬はみつからず、唯一の感染防止策は、人々のマスクの着用と不要不急の外出を避けることぐらいだった。

巷ではマスク不足が目立ち、薬局やコンビニなどでもマスクが売り切れ、マスクを探し求める人々が急増した。

中国産やインドネシア産で1枚30円にも満たないマスクが、闇取引で1枚100円で売りさばかれた。マスクは50枚単位や100枚単位以上でセット売りにされることが多く、マスクのほかにアルコール消毒液も通常の倍値で売りさばかれた。

インターネットなどでは注文をすると数日後にマスクの写真が届くというようなマスク販売詐欺が横行した。

こういった世界的な危機的状況のなかであってもふたつの山口組は抗争終結宣言をしなかった。

そしてマスク不足に乗じて六代目山口組では高山若頭が1枚数万円もする高級マスク

を着用していることが話題となり、神戸山口組の関係先では国民救済活動として大量のマスクが無料配布された。

一説には、新型コロナウイルスは若い世代の健常者が感染しても風邪程度の症状で済むともいわれており、高齢者や持病持ちが感染すると重症化するだけでなく死亡する可能性がとても高いといわれている。

すでに高齢化している現代のヤクザ社会や暴力団業界では、いうまでもなく高齢者が多く、肝炎などの持病持ちも多くいることから、平然としているわけにはいかず、密集による感染を防ぐために公式の定例会などが中止となった。

一般企業は、密集による感染拡大を防ぐために日本政府の要請のもと、インターネットを活用してテレワークやリモートワークといった在宅勤務スタイルを緊急導入させて企業活動を維持した。

ヤクザ社会や暴力団業界の場合は、これといった企業活動をしているわけではないので、団体としてテレワークやリモートワークをする必要性がなかった。ある意味、一足早い夏休みのような状況となった。

もともと暴力団業界では各傘下団体ごとに伝達事項をスムーズに知らせて広める手段として電話連絡網が充実しているため、定例会を開かなくても何かあれば電話で通達するという手法が主となった。

暴力団員はスマホや携帯電話の契約に重い制限が設けられており、これら通信機器の契約が非常に困難となっているが、暴力団員はなぜかあの手この手で持っているという現実もあるのでそれらについてはなんとかなっていた。

暴力団員のなかには、正業を持っている者もおり、その者が実質経営する会社や飲食店などでは日本政府による緊急事態宣言に従って、会社であれば幾分のテレワークやリモートワークといった在宅勤務を採用したり、飲食店であれば営業を自粛したりしたが、建設業界においては、大手ゼネコンの現場以外は自粛要請期間中であっても通常どおりの工事スケジュールが続いていたので、土建関係に従事している組員たちは毎日朝から建設現場で働き続けた。

自粛要請による在宅時間が増えたことから、ネット通販の利用とその売上が伸びて運送業が急激に忙しくなり、運送業に従事していた組員たちも大忙しだった。

新型コロナウイルスは人から人へ感染することから、とにかく人に接触しないことが最優先とされたことから、暴力団の非合法ビジネスの代表格である裏カジノも客足が途絶え、本カジノ、ネットカジノ、裏スロットなどの店は休業状態となった。

競馬についてはJRAがネット競馬を開設しているので競馬のノミ行為はもう何年も前から廃れている。プロ野球は新型コロナウイルス感染拡大防止の影響で開幕しなかったので、野球賭博も下火となった。

デリヘルなどの風俗業界では、どういうわけか客足が途絶えることは少なかったが、コロナ感染を嫌って風俗嬢の出勤率が低下してしまい、客は来れど相手ができないという状況が多発して休業を余儀なくされた店も多かったが、暴力団員が経営に携わっている店では、なぜか非合法思考に満ち溢れた風俗嬢も多く、自粛要請やコロナ感染を気にすることなく、客がいるなら稼ぎたいといったわけで出勤率が落ち込むこともなく通常営業を継続できる店もあった。

キャバクラなどのナイトビジネスでは、営業時間を自粛して短縮したり営業自体を休業する店舗が多いなか、営業しても罰則がないので試しにとりあえず営業を続けてみたら、なぜかお客さんがいつものように来るのでそのまま営業を続けたという店も多かった。

風俗嬢とは違って、キャバクラ嬢たちはコロナ感染を気にすることなく平気で毎日出勤して来る嬢も多く、店はそれなりに営業を維持できていた。そんなキャバクラ店の経営に関わっているある暴力団員は、

「客もキャバ嬢のことも個人的にはよく理解できんが、営業できるから営業してますわ」

と複雑な表情であった。

覚醒剤や大麻などの違法薬物の取引や売買を禁止にしている団体や組織も多いが、実際はそういったドラッグビジネスをシノギにしている暴力団組員も存在している。パンデミックという新型コロナウイルス感染拡大状況下で、日本のドラッグビジネスの主な仕入れ先である中国や韓国や南アメリカなどでも例外なく新型コロナウイルスの感染が蔓延し、多くの感染者や死者が発生しており、また日本政府により日本国内への外国人渡航者に制限が設けられて日本と中国、韓国、南アメリカとの往来が難しくなったことから、原産地による精製や生産の減少と密輸本数の減少が予想されたが、ドラッグビジ

ネスについては当初予想されたほどの影響も弊害はなく、通常営業だった。

値段の変動も特になく、ドラッグディーラーたちは以前と変わらず非合法ビジネス活動を続けていた。

居酒屋を販売拠点にして顧客たちに違法薬物などを直接手売りしているあるドラッグディーラーは、

「売り（違法薬物の販売）を続けたかったんで、周りの店舗が自粛で休業しているなか、うちの店だけが煌々と灯りをつけて営業してましたから、そのうち警察に注意されるかなって冷や冷やしてたんですけど、全然きませんでした。この辺じゃ、うちぐらいしか営業してませんから、普段よりも飲みにくるお客さんの数が増えて、なんだかんだで正直、儲かってます」

と話した。

不動産やM&Aをよくやっている暴力団幹部は、

「不動産はさっぱりですわ。コロナの自粛で在宅時間が長くなったんで、あらためて家に興味が出て、マンションや一戸建てを買う客が増えているなんて噂も飛び交ってます

けど、私が知る限りではそういう様子はまったくなくてですね、マンションも戸建ても
ビルも全部止まってますわ」
と不動産事業の様子を語り、そして、
「M&Aはね、コロナのせいで店を閉じたり、売りたいなんてところがギョーサン出て、
会社なんかも営業がしんどくなって叩き売りみたいな値段で出まくるやろうから、片っ
端から安く買ったろうかと思うとったんですけどね、一時はそんな話も確かにありまし
たけど、店なんかは給付金をもらうまでは店をやりますからみたいな感じで、辞めるど
ころか急に手のひら返してネバリはじめましてね。だから今度は給付金と店を担保にし
て現金貸し付けでもしようと思ったら、とにかく給付金でなんとかしますからみたいな
話ばっかりでね。あれ（給付金）は返さんでもええんですもんね。まぁこっちとしてはと
にかくコロナのせいで色々と取引が止まってますから、暇ですわねぇ」
と残念顔で話した。
また飲食店をやっている暴力団組員は、
「コロナの自粛で営業できませんから、やっぱり家賃がキツいですよ。隣のビルなんて

大家さんが各階の店に10万円ずつ配ってくれたり、別のビルオーナーなんて家賃の値下げに応じてくれたりしてるみたいですけど、うちが入ってるビルの大家なんかビタ一文もまけませんからね。うちのビルなんて昭和の建物ですから絶対に建築費なんてもう回収し終わってるはずなんですから、少しぐらいまけてくれてもええと思うんですけど、鬼ですわ。それに、自分でビルの管理会社に電話して家賃交渉もしてみたんですけどね、電話口に出た管理会社の担当者が、『そういうことは安倍総理にいって下さい』ですよ。なんのために毎月管理費払てんねんと思いましたわ。もう話になりませんわ」

と嘆いた。

テキヤ関係は、コロナのせいで、夏と秋のお祭が全滅となり、

「みんな困ってますよ。祭、全滅ですから。私らだけでなく、堅気の商店で毎年露店出してたところも、店も駄目で露店も出せない状況でしょ。秋にはなんとしても祭をやってもらわないともたないって泣いてます。昔みたいに自由にやれたら自分たちでどうにかすることができるかもしれませんけど、今は祭をやるのにも色々と行政にお伺いを立てないとすぐにいちゃもんがつきますからね。町がやることに行政がいちゃもんつける

んですからおかしな世の中ですよ。まぁ私らは相当苦しいですよ。キッチンカーやデパートの祭事場回りをしてるところも厳しいっていってますよ」

とタメ息交じりで話してくれた。

この時期に目立ったところとしては、マスク不足やアルコール消毒液不足に乗じて値段が高騰したマスクやアルコール消毒液類を正規流通経路を通さずに個人的に売りさばく連中が多数現れたといったところだったが、ヤクザや暴力団員たちは意外とこういった商売には手をださない者が多かった。

ある暴力団幹部は、

「みんなが困っている時にマスク売りみたいな商売をやるような奴はヤクザというよりは詐欺師みたいなもんでしょ。本部に行ったら、持ってけって、タダでナンボでもくれるもんを転売しとったらアカンやろ」

と話す。この暴力団幹部は、関係者やご近所さんたちにマスクを無料で配ったそうである。彼に限らず、マスクやアルコール消毒液類をどこからともなく入手してきて無料で周囲の人々に配ったヤクザや暴力団員は結構多い。

自粛期間の影響により、経済的に困窮した人々や企業や事業主たちの救済処置として様々な給付金制度が政府主導で設置され、多くの人々がその受付窓口やインターネット登録、郵送申し込みに殺到した。

ヤクザや暴力団員たちはどうかというと、

「そもそも給付金を貰える銀行口座がありませんがな」

「俺らみたいな道外れなもんが、給付金制度ができたからって急に国にすがって金を貰うのは変でしょう」

「金の話をしたらね、ずっと困っとるわけでね、正直、コロナになったからって特になんも変わってませんから、ワシらよりもコロナのせいで色々変わって、もっとホントに困っておられる人がいっぱいおんねんから、そういう人が給付金を貰ったらよろしいんじゃないでしょうかね」

「オンナ（彼女）は貰うっていってましたけど、自分なんかは、ヤクザなんですから、貰いようがないと思いますわ」

「政府がこんなに金をバラ撒いとったら、この先、日本も経済的に相当悪くなるでしょうから、自分らみたいなもんには金をバラ撒かずに、ちょっとでも貯めとって貰ったほうがええような気がします」

と給付金を受け取る気がないという意見が多かった。

暴力団というと、金にうるさく、どんなことをしてでも現金をむしり獲るといったようなイメージが一般社会には浸透しているが、実際の彼らは、新型コロナウイルスの感染拡大による人や町や日本の危機的状況をみて、自分たちよりももっと給付金を必要としている人々の存在があることを本能的に察知しており、給付金を受け取ることについてかなり遠慮気味だった。

しかしこういった面々とは逆に、オレオレ詐欺などの特殊詐欺に手を染めているアウトローたちは、給付金制度の設立に目をつけて『給付金の申し込みに関するメールです』というような詐欺活動を活性化させた。また先にも少し触れたが、インターネットを利用して、マスクやアルコール消毒液類の注文者などに対するネット詐欺を急展開させた。

こういった特殊詐欺系のアウトローたちについて、ある暴力団幹部は、

「儲かるからやるんでしょうけど、ええ時はそれでもええんでしょうが、こういう時は

やらんほうがええと思います。だいたい年寄り連中を騙してやるやつでしょ、今なら困ってる人を騙してやるやつでしょ。若いもんを何人か雇ってやらせてるやつ（現役組員）もいますけど、ヤクザがやることではないと思います」

と眉をひそめた。

人の顔の数だけ色々な性格があり、それはヤクザや暴力団員も同じで、ひと言でヤクザや暴力団員といってもそこにはよくも悪くも数種類のタイプがあり、ヤクザや暴力団員にも所属している団体のカラーというものがあり、それによって活動内容や考え方にかなりの差があるようである。

暴力団排除と外国人による特殊犯罪の増加

コロナ禍の前から今の日本は、愚法のオンパレードといった状況で社会から暴力団やヤクザが排除されようとしている。それはいったいなんのためなのだろうか？

司法当局は治安維持と犯罪撲滅のためというが、果たしてそれは達成されているのだろうか。もしくは目標達成に近づいているのだろうか。

日本の犯罪の数については暴力団員が起こす犯罪数よりもむしろ堅気の犯罪者が起こす犯罪数のほうが比べ物にならないほど多いことは誰もが知っている。よって現在のやり方で治安維持が向上したとか犯罪が撲滅されたとはとてもいいにくい。むしろ現状をみると、暴力団を愚法で羽交い絞めにしたことで、新種の犯罪が増加しているのではないだろうか。その例は、外国人犯罪の増加、オレオレ詐欺など特殊詐欺の増加である。どちらも被害者多数で、その被害総額は年間で何百億円にもなっている。

暴力団が町に睨みをきかせていた時代にはこういった犯罪は少なかった。こういった犯罪の被害者数も被害金額も小さかった。よって外国人犯罪の増加とオレオレ詐欺などの増加は司法当局の愚法によって作り出されたといわれてもしょうがないところではないだろうか。

もっといえば、治安維持と犯罪撲滅を掲げる司法当局自らが外国人犯罪と特殊犯罪を助長したのである。

普通、犯罪を助長した者は逮捕されるが、どうして司法当局の役人たちは外国人犯罪や特殊犯罪を助長しても逮捕されないのだろうか。それは統治する側の理論があるからである。逮捕されるのは統治されている者達だけであり、統治する側は何がどうなっても逮捕されることはない。仮に逮捕されたとしても常人ではありえないような便宜がはかられる。いわゆる、上級国民待遇というやつである。

それはともかく、愚法によって暴力団を締め付けたことで発生した新種犯罪の増加という代償は大きい。外国人犯罪もオレオレ詐欺も、社会現象になるほどの酷い有り様である。

ここで暴力団を美化するつもりはないが、司法当局はこの代償についてぜひ反省して欲しい。

ある役人は、

「外国人犯罪やオレオレ詐欺は常に暴力団の指揮下にあるから暴力団を潰せばいい」

というが、実際の犯罪社会はそうでもない。外国人犯罪は実にわかりやすく、外国から日本に入国して犯罪を犯すので、彼らの拠点は母国、すなわち外国にあり、日本固有の暴力団にはそこまでの支配権はない。外国は暴力団の縄張りではない。よって日本国内で勃発する外国人犯罪の多くは、外国人が独自に企てて実行している。もちろん、なかには日本の暴力団とコンビネーションを組む者たちもいるが、それは日本という異国の地での道先案内人を暴力団に頼む程度で、本格的に暴力団と組んで犯罪をする気は彼らにはない。そんなことをすればせっかく得た犯罪収益が暴力団に吸い取られて減るだけなので日本への渡航という経費を発生させている外国人たちにとってはたんなる不利益でしかない。外国人犯罪者たちはなるべく暴力団とは組まないようにして日本国内で外国人犯罪を犯して犯罪収益を貪りたいのである。基本的に彼らに暴力団を儲けさせる思考はない。もし某役人がいうように外国人犯罪のウワマエを暴力団がハネ続けていたなら、現代の暴力団がこんなに困窮することはなかっただろう。外国人犯罪の日本国内での犯罪市場規模は司法当局に認知されていないものを含めて考えると数百億円の規模になっている。

また外国人犯罪者たちからいわせれば、異国の地である日本でのガイドを頼む相手は暴力団だけに限定されているわけではないのだという。

一番信用できるガイドはすでに日本で生活基盤を持っている同国人たちである。次が日本国内に存在している暴力団以外の怪しげなグループである。とある行政書士たちで構成されている某グループは、外国人のビザ関係の書類などを代行作成することで外国人犯罪者たちと接点を持ち、その後は、彼らが外国人犯罪を達成させる上で必要な情報や物資を手配したり提供することで得られる報酬欲しさに外国人犯罪に加担し続けている。彼らは国家資格を持った行政書士のグループであり、暴力団ではない。グループメンバーのひとりである某行政書士は、

「暴力団は嫌いです。付き合うつもりもありません」

とハッキリという。

彼らが外国人犯罪に加担する理由は、

「儲かるからです」

とのことである。

暴力団が町でニラみをきかせていた時代なら、彼らみたいな連中は3日ももたなかっただろう。数時間で潰されて犯罪活動ができなくされていた。その理由は暴力団にとって彼らの存在は広義の意味での『縄張り荒らし』だからである。

すべての暴力団が縄張りを持っているわけではないが、縄張りがないのが当たり前である関西や西日本の暴力団にとっては、自分の目でみえる範囲が勢力圏内であるから、そのなかで勝手な犯罪を起こされることは縄張り荒らし行為として認識される。分け前や付き合い金を払えば許すというものではなく、縄張り内で被害が発生すること自体を嫌うのである。

ハッキリといえば、縄張り内で犯罪収益を獲れるのはこの地域の地元暴力団だけでそれ以外の者たちの犯罪収益活動は認めないのである。暴力団は犯罪のデパートともいわれるが実は暴力団には暴力団特有の犯罪活動があり、それ以外の犯罪活動を暴力団は犯さない。それなら暴力団特有の犯罪活動以外なら暴力団には関係ないわけだから外国人犯罪者が活動してもいいだろうという言い分もあるが、暴力団は認めない。

ある暴力団幹部は、

「暴力団でもやらないような犯罪をシマ内でやらすわけにはいかない」

と述べる。

暴力団の犯罪活動の理念は、一般人が動物の肉を食べることに似ている。生きるために最低限の殺生は認められるが、むやみやたらと暴利を得るような殺生は認めない。ところが外国人犯罪者たちは、日本国内で暴利を得るために入国している者たちがほとんどなので、むやみやたらな殺生を当然のように繰り返す。暴力団がこれを許すはずがないのである。

警察は証拠主義であるため、常に犯罪被害が発生してからでないと摘発や逮捕に乗り出すことはないが、暴力団は警察ではないので、犯罪被害が発生する前に『こいつはやりそうだな』と蛇の道は蛇の勘でそう判断した時点で該当者を徹底排除する。『ヤクザに証拠はいらない』という名セリフはこういうわけである。こうして暴力団が町にニラみをきかせていた時代は外国人犯罪が少なかった。ゼロではなかったが、今よりは圧倒的に少なかった。

日本人にはまるで馴染みがないが、海外には、犯罪を民族や一族の伝統的な家業としている人たちがいる。日本人の感覚ではまったく理解できない話だが、ヨーロッパ、南米、アジアあたりの各国には、たとえば、先祖代々、泥棒、密輸、人身売買が家業といった人たちがいる。彼らは子供のころから犯罪のやり方を親から教わる。15歳ぐらいでもうイッパシのベテラン犯罪者となっている。犯罪で得たお金で学校に通っている者もいれば、学校には行かずに犯罪一本の生活をしている者もいる。ある程度の年齢になって、溜め込んだ犯罪収益金を元手に事業を興す者も多い。表向きはレストラン経営者だが真の顔は先祖代々泥棒なんて者もいる。

ある外国人犯罪者は先祖代々泥棒だった。母国では表向き中古車販売店のオーナーという顔を持っているが、真の顔は先祖代々の泥棒であるがゆえに、彼はみずから日本に入国して自動車泥棒を繰り返す。自動車を盗むためだけに日本にやって来て、必要な車種と台数が揃えば帰国するのである。暴力団との関係は一切ない。その代わり、怪しげな行政書士グループや日本の中古車ディーラーたちとの太いパイプを持っている。

彼と同じ先祖代々泥棒というルーツを持つ別の外国人犯罪者はスリの名人である。その手さばきはマジシャンのように巧みで、一瞬で財布を抜き取る。先祖代々この『手さばき』が受け継がれているそうである。彼はスリをするためだけに日本に入国して来る。

彼の日本語はカタコト程度でしかない。彼が話せるのは母国語と英語だけである。

そして至る所でスリを犯し、毎日10数件のスリをやって2週間程度で約300万円前後の犯罪収益を得て帰国するのである。現金は順次あらゆる方法で母国の家族に送金している。ちなみに為替価値によって日本で得た犯罪収益は5倍近くにもなるという。

日本の貨幣価値でいえば2週間働いて約1500万円前後の収益である。彼の妻や子供もスリについては我が家の家業だと理解していて一家が一丸となって犯罪活動に励んでいる。そこに暴力団との関わり合いは一切ない。彼が日本の警察に逮捕されたことは一度もない。

もし暴力団が町にニラみをきかせている時代だったら、いつの間にか彼の顔写真が出回って、彼は母国に帰国する前に暴力団によって排除され、もう二度と日本国内でスリをすることができなくなっていただろう。

またとある外国人犯罪者の女性は殴られ屋を専門としている。彼女は数回来日した間に日本語を覚え、殴られ屋を考案した。夜な夜な繁華街のクラブなどに出現して、客で酔った日本人男性相手に色仕掛けで接近して最終的にはわざと口論して日本人の男性客に自分のことを殴らせるのである。その一部始終はあらかじめスマホで録音なり録画なりをしており、それを証拠として彼女はその場ですぐに弁護士を呼ぶのである。この弁護士は日本在住の母国出身弁護士とその友人の日本人弁護士である。

弁護士たちが被害届をだすべきか、ここで示談にするべきかを日本人男性に詰め寄るとたいていの日本人男性は示談を選んでその場で示談書に一筆してしまい、弁護士が提示した示談金を後日支払ってしまう。だいたいが50万円～200万円ほどである。これを10回やるだけでもかなりの金額を稼げるのである。当然に彼女も弁護士たちも暴力団との繋がりは一切ない。

彼女は、

「ヤクザは意味ないよ（犯罪活動で自分が稼ぐためには）。ヤクザはメンドクサイよ」

と平然という。

彼女がやっているようなことが暴力団にみつかれば、まずは彼女とタッグを組んでいる弁護士たちが排除され、もう彼女は殴られ屋をやることができなくなってしまうだろう。弁護士たちを巧みに使っている彼女が日本の警察に逮捕されたことは一度もない。

これらは数ある外国人犯罪の氷山の一角でしかないが、これらをみると自動車泥棒やスリや殴られ屋などなので、いわゆる、軽犯罪でしかなく、犯罪としてはどちらかといえばチンケな微罪に過ぎず、外国人犯罪といってもたいしたことはないと思う方もいるかもしれないが、その犯罪被害額はスリひとつをみただけでも大きく、また、被害者数も多くて、その負担はとても大きい。外国人犯罪者からいわせれば最小の努力（微罪）で最大の利益を上げることこそ効率がよく、彼らは犯罪を先祖代々の家業としていることから逮捕されてもすぐに釈放される微罪の範囲内で、大掛かりな一発勝負に挑むよりは、いつまでも永久的に繰り返して儲けられる犯罪活動をおこなっているのである。

こういった種類の犯罪は、市民にとっては本当に迷惑である。たとえば大掛かりな覚醒剤密輸や人身売買などは、その犯罪活動に積極的に自分が関与しなければ被害にあうことはない。絶対的にカヤの外の話である。巻き込まれることもほとんどない。しかし軽犯罪や微罪の類は、犯罪のほうからやって来る。犯罪に関わる気がなくても、自分の自動車を盗まれてしまう。犯罪とは無縁の生活を送っているのに財布をスラれてしまう。仕事帰りに酒を呑んでいたら殴られ屋にカモにされてしまったなど、狙われたらやられてしまう。実は微罪や軽犯罪のほうこそが一般の市民生活によっぽど迷惑を掛けている。そして外国人犯罪の増加による被害金額はとてつもなく大きい。

愚法によって暴力団が締め付けられたことによって、町にニラみがきかなくなり、そのユルミの隙をついて外国人犯罪が急増した。こうなることを司法当局が予測できなかったとは考えにくい。こうなることがわかっていたにも関わらず愚法を連立させて暴力団を締め付けた司法当局は、外国人犯罪の助長をしたといわれても仕方がないだろう。司法当局が日本中の多くの町に及ぼした被害についての責任はとても大きくて重い。

オレオレ詐欺などの特殊詐欺については、司法当局は、これまでよりもひとつひとつの罪を重くした（2017年頃〜）。

それまではオレオレ詐欺の受け子や見張り役程度で初犯であれば、本隊ではないという判断から執行猶予になることもあったが、2017年ごろからは詐欺罪と恐喝罪（共犯）が適用されて受け子や見張り役だけでなく金を運んだ車の運転手程度であっても1発で2年〜6年の実刑となるようになった。運転手や見張り役程度であれば1回の成功報酬はせいぜい10万〜50万円程度の低額報酬である。それだけの犯罪報酬のために長い実刑というリスクを背負うとなるとなかなか割に合わないシゴトである。

オレオレ詐欺のメンバーたちの平均年齢は20歳台とも30歳台前半ともいわれている。暴力団が幅を利かせていた時代には若者たちがお年寄りを標的にするような特殊詐欺が盛り上がることなどなかった。むしろ『お年寄りをイジメるなんてカッコ悪い』といった極道節が蔓延しており、それにならうかのように若者たちがお年寄りを狙った詐欺行為に積極的に加担することなどなかった。

オレオレ詐欺は、暴力団が弱体化してから蔓延するようになった。一部のグループは暴力団の紐付きになっている団体もいるが、それは愚法によって締め付けられて困窮した一部暴力団たちの成れの果てであり、現在でもオレオレ詐欺をよく思わない暴力団員のほうが大半だ。実際のところ、暴力団によってアジトを破壊されて町から追い出されたオレオレ詐欺のグループもかなり存在する。

オレオレ詐欺などの特殊詐欺も、外国人犯罪同様に司法当局による愚法の連立がキッカケとなって街中に蔓延した犯罪であるといえる。

治安維持と犯罪撲滅を掲げて暴力団排除活動に力を入れ過ぎたことで、かえって、新種の犯罪を司法当局は発生させてしまった。そもそも昔から暴力団事件よりも一般の犯罪者が起こす事件のほうが圧倒的に多いという社会ベースのなかで、裏社会において独自の思考で活動する暴力団の存在が犯罪の防止にもなっていたわけだが、あえてそのタガを取り除けば、それまで暴力団によって防止されていた犯罪が増加することは当然の流れである。

治安維持システムとしてのヤクザの誕生

そもそも暴力団というものは、その源流が日本古来からあるヤクザ集団であるとする説を紐解けば、ヤクザというものは平安時代のころに国司によって作られたといわれている。国司とは朝廷から日本各地に派遣された律令制に基づいた行政官で、派遣された国々で地方統治をしたことから現在でいう各都道府県の知事に似たような職務をする立場だった。

鎌倉時代になると朝廷にかわって幕府から派遣され、現地任命された守護や地頭が台頭して国司はその職務を失うが、それまでは国司が朝廷のお墨付きで各国の行政事にあたっていた。

そのころの日本にはまだ行政というものが全国に根付いてはおらず、国司は国の百姓や豪族たちに行政というものを理解させて覚えさせるところからその業務にあたった。彼らの努力により日本にも租税などの中央集権システムが根付いたころ、いまだ行政に従わず、かといって百姓仕事や漁師仕事に就くわけでもなく、武家の生まれでもなく、読み書きもできずに、ゴロツキとなる者たちがいた。まさに彼らはならず者たちだった。このならず者たちを野放しにしておくとせっかく築いた中央集権システムが駄目になるばかりか、町の治安維持の低下にもなるので、各国の国司たちは朝廷と相談した上で、このならず者たちを直接自らの部下に、或いは自らと親密な関係がある神社などの部下として雇い入れることにした。ならず者たちを排除するのではなく、あえて彼らに仕事を与えることで治安維持と町の発展に努めたのだった

国司や神社の部下となったならず者たちは、国司の部下になったからとはいえ読み書きができるわけではないので国司と同じ仕事ができるわけでもなく、武士とは違って主に国司の個人的なボディーガードや朝廷と国司との間で輸送されるさまざまな物資の輸送警備隊のような任に就いた。神社の部下となったならず者たちは神社を賭場として当

時の町人たちの間で流行していたサイコロ賭博などのスタッフや警備係や掃除係をやるようになった。

彼らは、貴族でもなく武士でもなく百姓や職人でもなく、つまり平民の部類からあぶれたアブレ者でありゴロツキやならず者たちだったので博打の負け札から『八九三』と呼ばれた。のちの日本の歴史に登場する身分に言い換えれば彼らはエタ・ヒニンの部類だった。まだ平安時代には士農工商エタ・ヒニンという階級がなかったので、彼らは当時の俗語で八九三、ヤクザと呼ばれるようになった。つまりヤクザとは日本史上で最初に組織された社会最下層集団だった。

ヤクザが『万人以下（平民以下）で乞食（無職の世捨て人）よりは上』といわれるのはこうした歴史があるからである。

ヤクザがお祭に熱心なのも、もとを正せばヤクザと呼ばれた人たちは日頃から神社のスタッフでお祭があれば当然にお祭のスタッフとして働いていた流れをくんでいるゆえに当然のことである。組事務所に提灯や神棚があるのも当然なのである。ヤクザが博徒なのも当然であり、またヤクザが地域貢献や人助けをするのもヤクザのルーツを知れば納得がいくところである。

鎌倉時代になって国司はそのお株を守護や地頭に獲られて権力を失うが、国司が構築した地方統治についての行政システムはそのまま守護と地頭に引き継がれたのでヤクザは同じ状況で生き残った。

その後に戦国時代を経て、ヤクザが大きく変化したのは、士農工商エタ・ヒニンの身分制度が普及した江戸時代あたりだろう。

ヤクザという俗語でそれまでくくられてきた人々も身分制度のなかに落とし込まれて、ヤクザはエタ・ヒニンとなった。しかしヤクザたちの場合は、いわゆる、屠殺場仕事や皮製造などに代表されるエタ・ヒニンの専売特許の仕事にはこれまでの歴史の性格的に向かず、その代わりに、火消し(消防士)や十手持ち(岡っ引き)などの公的な仕事を生業として与えられる者や、テキヤ(露天商)や化粧師(理容師・美容師)、飛脚(運送・郵便)、板前、漁師といったような特技を生かした生業にエタ・ヒニンとして従事するようにもなった。こうしてヤクザの姿はたんなる神社のスタッフや博徒や警備員だけでなく多様化したのだった。このあたりからヤクザによっては侠客と呼ばれる人物も出現するようになった。

侠客とは義侠心を持った人物のことであり、ヤクザが身分制度によってさまざまな職種についたことからそれまでよりも行動範囲が広がり、それぞれの職場で起きた人間同士の揉め事やトラブルや相談事の解決に任侠精神をもって奔走したことから、人々から侠客と呼ばれるようにもなった。

江戸時代にはまだ裁判がなく、よく勘違いされる奉行所というところは、たとえば罪人の疑いがある人物を捕まえて来て、奉行所で取り調べをして罪を言い渡す場所で、そこでは現代の裁判のように容疑者の弁護というものはない。せいぜい容疑者本人から話を聞くという証人尋問程度で、すべては幕府が決めることで、幕府の決めたことを言い下す場所であった。日本で裁判制度が導入されたのは明治に入ってからである。

よって町中では、わざわざ幕府が乗り出して奉行所で吟味するまでもない喧嘩や揉め事が氾濫していた。そういった、いわば、町人レベルのトラブルの仲裁役だったり解決策を見出したのが侠客たちだった。

ヤクザは侠客であり、そしてそれを源流に持つのが暴力団なのである。ヤクザや侠客たちが暴力団に姿を変えてしまったのは、ひと言でいえば時代の流れであるといえる。火消し（消防士）が今では公務員となってしまったように、時代の流れのなかでヤクザは生業を次々と失った。そんななかで暴力を背景に非合法ビジネスを中心に暴利を得ようとする者たちが現れた。太平洋戦争後の混乱の時代に彼らは非合法ビジネスを強化させてさらに急成長した。そのせいで歴史が長いヤクザ団体であっても中身は暴力団でしかないという団体もある。

テキヤ団体については暴力団とはひと味違う昔ながらの性格を持ち続けている団体も多いが、よくあるヤクザ団体同様に中身が暴力団化している団体もある。

暴力団員とヤクザ者や侠客たちが入り混じった現代のヤクザ渡世のなかで、その正確な存在比率は不明だが、イメージ的には暴力団員たちのほうが圧倒的に多いような気がする。そしてマスコミによって暴力団員もヤクザも侠客もテキヤのおっちゃんやおばちゃんたちも全部まとめて暴力団というレッテルが貼られてしまっていることが現代の粗雑な状況である。

そして司法当局の愚法により、暴力団が締め付けられて、その代わりに、外国人犯罪やオレオレ詐欺などの特殊詐欺が台頭し、日本中に大きな被害を今でも与え続けている。

裁判は昔から『嘘が2割で作り話が8割』といわれるぐらい真実味に欠けたものが多く、弁護士による証拠捏造などは朝飯前で、検察の仕事は罪を作ることが仕事だと豪語する検事までいる。

そして司法当局は、公平を建前にしながら本音の部分では常に市民に服従を求める。時代の変化と共に、その服従内容は変わるが、何かあれば法律を作ってこれに従わなければ罰則を与えるとして常に服従を求める。またその反対に法律を変えなければならない局面をむかえても統治する側の都合のよさだけをみて変えることなくいつまでもこれに従えと押し付けてくる。

しかし本当のところは、市民だけでなく、司法サイドも変わらなければならないのではないだろうか。それは政権交代だけでなく『司法における統治という支配論そのものの変化や進化』が必要なのではないだろうか。その必要性のひとつの理由となるのが司法当局の愚法における外国人犯罪や特殊詐欺の増加ではないだろうか。

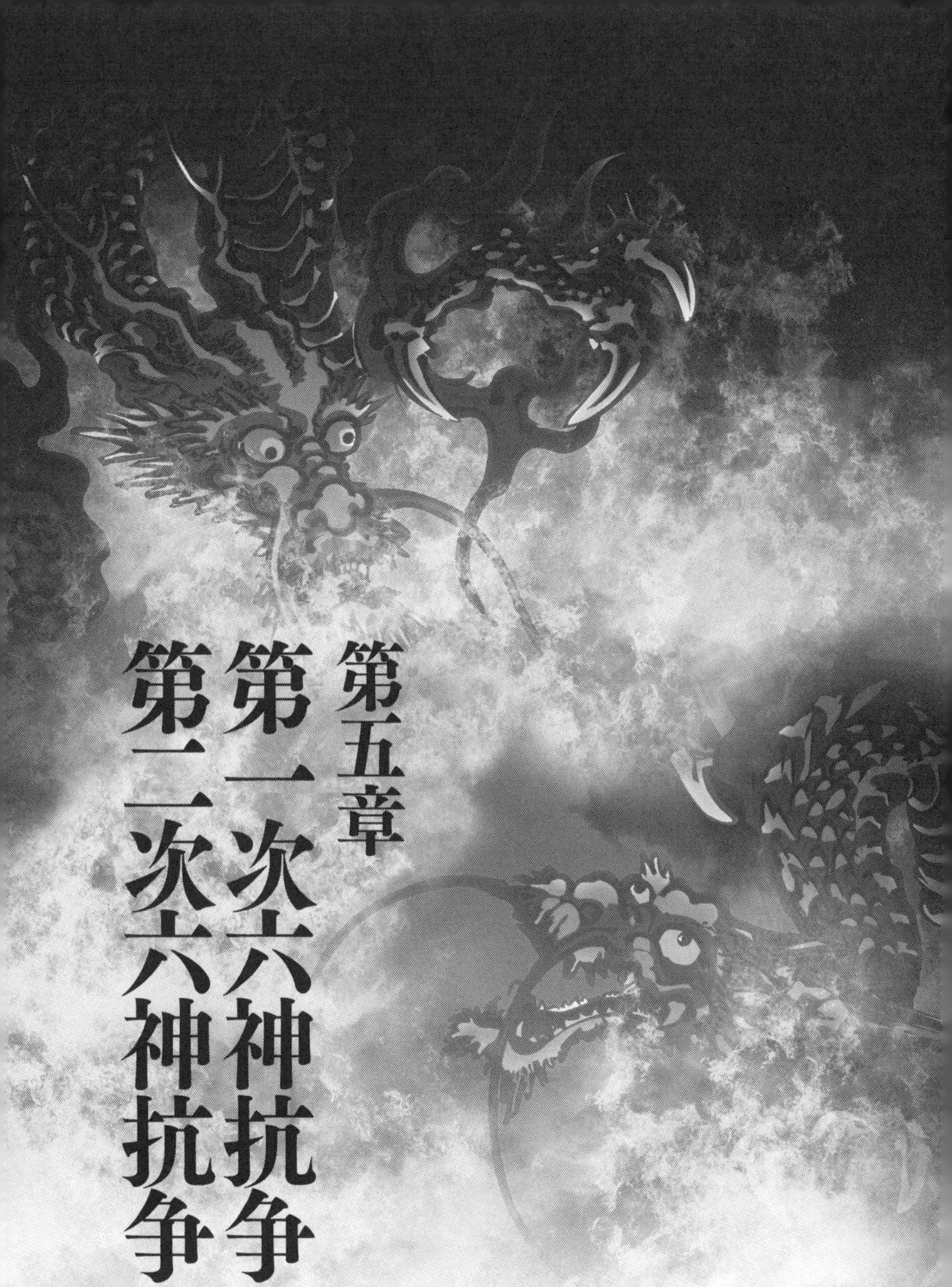

第五章

第一次六神抗争と第二次六神抗争

それでも抗争は続く――

六代目山口組と神戸山口組というふたつの山口組の抗争劇と新型コロナウイルス拡大による日本と世界の危機的状況を見比べたとき、ヤクザ社会や暴力団業界という特殊性から、一般社会ほどの大きな影響はなかったのかもしれないが、それでもこういった危機的状況のなかで、いまだにふたつの山口組の抗争が休戦協定を結ぶことすらせずに抗争続行中で世間様に不安と迷惑を与え続けていることが残念でならない。

ふたつの山口組の抗争自体にはさほどの影響がなかったとはいえ、傘下団体の組員たちはヤクザであるがゆえに給付金の受け取りすらあきらめて、生活苦をやせ我慢でシノいでいるのが実際のところである。繰り返すが、抗争自体には影響がなかったとはいえ、組員たちの実生活にはそれなりに苦しい影響があった。

先日、ニュースやSNSなどで、アメリカと中国がこれからの世界経済や世界政治での主導権を握るために、どちらが先に新型コロナウイルスの治療薬を開発するかを争っ

ているという報道がなされたとき、日本国民の多くの人々が、

「こんなときにアメリカと中国は何をやってるんだ!」

とその傲慢ともいえる利己主義志向と権力欲について批判の声を多数あげた。

もしかしたらふたつの山口組の抗争劇も、利己主義志向と権力欲によって長期泥沼化している面もあるのではないだろうか。

世界史を紐解くと、第一次世界大戦ですら、スペイン風邪の大流行というパンデミックが一因となって終戦したそうだ。パンデミックならば第一次世界大戦すら終わってしまうのだから、新型コロナウイルス拡大によるパンデミックでふたつの山口組の分裂抗争劇が終結してもいいのではないだろうか。このまま長期泥沼化を続けていくことに果たして道理はあるのだろうか?

一度割れてしまった物はそう簡単に元へは戻らない。しかし抗争を止めることはいつでもできる。ふたつの山口組が次のシーンに進むためには、まずは抗争を止めることが最大のキッカケになるのかもしれないのだが。

法要中の池田組を狙った銃口

六代目山口組と神戸山口組の分裂抗争が始まってから約9ヶ月後の2016年5月31日。岡山市南区で神戸山口組の舎弟頭（現・最高顧問）である池田組若頭の高木忠若頭が六代目山口組三代目弘道会系の元組員によって白昼堂々と銃撃されて死亡した。

池田組は神戸山口組の旗揚げメンバーであり、その池田組の若頭という重鎮クラスが射殺されたこの事件は、関係者に大きな衝撃を与えた。そして弘道会の戦闘力の高さを大いに示した。

神戸山口組の分裂抗争に対する基本姿勢は『存在しているだけで勝ち』『来たらやる』であるため、神戸山口組は故・高木若頭の組葬をすませてから沈黙した。

『来たらやる』ではないのか？　という疑問の声が神戸山口組内の傘下団体の間でも広まったが、この意味は、むやみに仕返しをするという意味ではなく『その場において応戦する』という意味である。

目前にヒットマンなどが出現したさいは無抵抗でいる必要はなくその場で応戦する、という意味である。その場から逃げる必要もないのである。来たらやる、なのである。

高木若頭は、自宅から外出した直後の自宅前で、背後から接近してきたヒットマンに不意打ちにされた。すでに1発目の弾丸が発射されていたが、高木若頭は素手の状態で応戦した。拳銃を撃ち続けるヒットマン相手に高木若頭は毅然と応戦し続けた。

もしここで高木若頭が防御に徹した上で逃走一辺倒だったら、きっと一命は取り留められていたかもしれない。

だが高木若頭はヤクザとしてきっちりと応戦した。拳銃を撃ち続ける相手に対して素手で立ち向かうということは相当の根性の持ち主である。高木若頭はあえなく絶命するが、その最期は武闘派ヤクザと呼ばれた生き様を見事にまっとうしたものだった。

生前の高木若頭はいうまでもなく人望も厚く、分裂抗争の最中にあって、六代目山口組の直系有力団体である二代目大石組や四代目石井一家などから組員を移籍させたり、六代目山口組本部長の大同会の舎弟頭補佐だった二代目木村會を団体ごと神戸山口組に招き入れるなど、巧みな政治手腕を魅せる機会も多かった。

その有能さからいって、六代目山口組からすれば、確実に殺らなければならない標的のひとりだった。そして六代目山口組は高木若頭のことを仕留めたのだった。

これで分裂抗争の行方は六代目山口組が優位に立つと思われたが、不気味なまでに沈黙を続ける神戸山口組の壁は厚く、抗争模様は一進一退で平行線に近い緊迫した状況が続いた。

高木若頭が殉職ともいえる死を遂げてから約4年が過ぎた2020年5月30日。池田組では高木若頭の後任として池田組若頭の要職の任に就いていた前谷祐一郎若頭が音頭をとって故・高木若頭の法要が執り行われていた。

池田組長にはこんな話がある。その昔、五代目山口組時代にある直系組長が死去したさい、その組長に100億円近い借金があったことが発覚した。

そのころのヤクザの資金の稼ぎ方のひとつに、借用書を書く、というやり方があった。たとえば企業から活動資金の提供を受けたさい、その金額が大きければ大きいほど、企業会計上、社長のポケットマネーとはいかずに、使途不明金になってしまうことを回避するために、その資金を受け取るヤクザが、あえて借金をしたという体裁をとって、借用書を作成して現金を受領するというやり方だった。

借用書には返済期限も記されてあり、それは裁判でも通用するほどのれっきとした借用書だが、その意味合いは先記したとおり、資金提供であり、返す必要のない借用書である。

これはその借用書に氏名を記名した者同士にしかわからない約束事であり、そのどちらか一方が遺言にでも残さない限り、死去してしまうと、その事実関係がよくわからなくなってしまうというリスクをはらんでいる。

亡くなった直系組長は突然死だったので、遺言もなく、借用書の束だけが山積みになっていていて、遺族をはじめとして関係者たちはとても困惑した。

山積みになった借用書の束のなかにはヤクザ同士で結んだ借用書もあった。ヤクザの借金は死ねば帳消しという習慣もあるので、ヤクザ同士の借用書についてはその筋のやり方での対応の仕方もあったが、正規企業からの借用書も多く、それが先記したようなヤクザとしてのシノギとして作成された借用書なのか、それとも本当に金銭賃借権を結んだ借用書なのか遺族たちではさっぱりわからない状況となった。

総額で100億円近くになる借用書の束のうち、本当の、つまり返済しなければならない借用書が10分の1だったとしても10億円近くの借金になってしまう。堅気暮らしをしていた遺族には、当然、そんな大金の蓄えはなく、またそんな大金を稼ぐだけの見込みもなかった。遺族たちはただただ困り果てた。

そんな時、池田組長が、同じ山口組の者として故人とは友達だったからという理由だけで、すべての借用書を肩代わりした。

池田組長は、周囲から商売上手で豊富な資金を貯め込んでいる人だといわれるが、貯めるだけの銭ゲバではなく、友達だったからというその一点だけで、10億円とも100億円ともいわれた借金の肩代わりをしたのである。

こんなことは単なる成金社長や特殊詐欺などで大金を掴んで金持ち顔をしている連中には到底マネできない芸当である。

いくら資金豊富な池田組の池田組長とはいえ、実際のところは、そこまで膨大な借金の肩代わりをするほどの余裕はなかったはずである。しかし池田組長は、友達だから、のひと言ですべての借金を肩代わりした。途方に暮れていた遺族たちは池田組長の親切な行為のお陰で人生を救われたのだった。

池田組長とはこういったエピソードを持つ人物である。そんな池田組長が率いる池田組だからこそ、故・高木若頭の法要が営まれていたのである。

法要が終わり、池田組の組員たちが池田組事務所やその周辺で和やかに談話しているとき、ひとりの男が池田組事務所の敷地内に徒歩でやってきた。

その男は、駐車場にいた前谷若頭に向かって一直線に向かって行った。そして駐車場のほぼ中央付近で立ち止まり片手で拳銃を構えた。この男と前谷若頭との距離間は7メートルから10メートルといったところだった。そして男が1発目を撃った。この1発目は誰にも被弾せずに空を切った。

1発目の銃声が鳴り響いた段階で、談話していた前谷若頭や池田組の組員たちがまるで蜘蛛の子を散らすかのようにその場から逃げ惑うと、この男は予測していたようだったが、現実は、銃声が鳴った途端に、前谷若頭がこの男に向かって猛突進してきたのだった。

男は、猛突進して来る、という予想外の展開に動揺して、その場に凍りつくだけだった。2発目の弾丸を撃つまでの間はまさに空白の時間だった。もうすでに前谷若頭がこの男を取り押さえようとした寸前で、男がようやく2発目を撃った。

2発目の弾丸は前谷若頭の腹部に突き刺さり、その衝撃で前谷若頭はその場に転倒したが、すぐに起きあがって、拳銃を構えたままのこの男にふたたび掴みかかろうとした。

普通の人間なら、至近距離から銃撃されて腹部に弾丸を喰らえばその場に倒れ込んで、意識があれば呼吸をするのがやっとの状態で身動きすらできなくなるはずだが、気迫ほとばしる前谷若頭は弾丸を喰らっても猛然と相手に対して突進を続けた。それはまさに猛り狂う牛のような激しさだった。前谷若頭は58歳である。一般的な58歳の男性なら体力も筋力もおとろえており、走るだけでも息が切れてしょうがないのが普通だが、前谷若頭は被弾した状態で銃口を向け続けている相手に対して信じられない勢いで突進を続けたのだった。

もしこの男が前谷若頭のことを本当に殺るつもりだったら、2発目を撃ったあとにただちに3発目の弾丸を前谷若頭に向けて発射するべきだったが、男は被弾している前谷若頭を相手に躊躇して撃てずに、後ずさりした。もしかしたらこの時点でこの男は前谷若頭の気迫に完全に呑み込まれていたのかもしれない。

まさに『来たらやる』『その場でやる』という神戸山口組の分裂抗争に対する姿勢の意味がよくわかる場面だった。

そして前谷若頭が猛然とこの男に掴みかかろうとした寸前、この男は、地面に向けて持っていた拳銃を数発連射した。そのせいで一瞬、前谷若頭のスピードが落ちた瞬間に、この男は翻して一目散にその場から逃走した。

被弾した前谷若頭の身体ではどうしてもこの男の足には追いつけず、また池田組の組員たちもこの男を追ったが、男は巧みに追手をかわして車に乗り込んで走り去った。

その後、この男は池田組事務所から約2キロ程離れた路上で警戒中だった当局によって現行犯逮捕され、身柄を拘束された。

この男の正体は、六代目山口組本部長の大同会で若頭代行を務める三代目神原組組長の岸本晃生組長だった。

岸本組長が所属している大同会は鳥取県米子市に本部があり、六代目山口組で本部長の要職を務める森尾卯太男会長が率いる山陰地方を代表する暴力団である。森尾会長は六代目山口組内において中国四国ブロック長も兼務している。

森尾会長は元々は三代目山口組組長代行山広組幹部東竜会の会長だった。山一抗争（1984〜1989年）後に鳥取県米子市で独立団体として会を維持した。

その後に地域の複数の独立団体を吸収してともに大同団結するという意味合いで団体名称を大同会と改め、三代目山健組の舎弟として山口組に復帰した。

そしてその後に内部昇格して六代目山口組の直系有力二次団体となり、若頭付きをへて六代目山口組本部長の要職についた。若頭付きを務めていた時期があることから髙山若頭からの信頼も厚い人物といわれている。

森尾会長は、暴力団としての反社会的な活動よりは古典的なヤクザの儀式などが好きな人で、日頃は物静かな性分だったことから、森尾会長配下の岸本組長による池田組銃撃事件の一報を知った関係者たちからは、

「物静かな森尾会長がやるかな？」

と半信半疑な声が多くあがっていたが、事実は、大同会で若頭代行を務めている三代目神原組の岸本組長による銃撃事件だった。

神原組の初代は神原城二組長が務め、元々は山陰地方に存在していた五代目山口組舎弟安達組の幹部だった。

神原組の上部団体だった安達組の組長はヤマケンと呼ばれた初代山健組組長だった山本健一組長の舎弟で、五代目山口組時代は五代目だった渡辺組長の舎弟格として当時の山口組を支える直系有力二次団体のひとつだった。相談役には暴力団業界でボンノという通称で知られた菅谷正雄組長が率いた菅谷組ナンバーツーだった浅野二郎がついていた。

こういったことから安達組は押しも押されもせぬ名門で中国地方の重鎮的団体であり山健思考やヤマケンイズムの強い武闘派団体だった。

安達組長が病死したことで、安達組の二代目を初代神原組の神原組長が継いだが、神原組長は二代目安達組組長となった直後から病床に臥せ、やがて引退となり、安達組自体はいったん解散して神原組をはじめとした組員たちの多くが五代目山口組組長秘書だった井奥会に在籍した。

井奥会は元々、菅谷正雄組長率いる菅谷組の出身で、菅谷組解散後は『ケンカ太郎』

の呼び名で知られた中野太郎会長が率いた中野会で副会長に就いた後に内部昇格で五代目山口組の直系となり五代目組長秘書を務め、六代目山口組でも直系有力二次団体として活動していたが、井奥会が神戸派だったことから高山若頭と対立して絶縁処分となり、組員たちは主に池田組、大同会、宅見組などに分散して在籍した。

この時、神原組は二代目神原組体制となっており、井奥会の解散を受けて二代目神原組は大同会に在籍した後、大同会内で二代目神原組は三代目神原組へと継承された。

神原組の組史をみていくと神原組自体には山健精神が根強いはずだが、上部団体である大同会に従って名古屋派である六代目山口組系列の団体として活動をしている。

上部団体がそうならばそれに付き従うことは自然なことだともいえるが、神原組のバックボーンを考えると、神原組が名古屋派でいることに少々の不自然さを感じる。

また井奥会解散後の状況からみて、神原組にとっては同じ井奥会の元同門が多数池田組に在籍したことから、池田組とは知らない仲ではないはずだが、神原組は組長自身が池田組を銃撃した。

神原組は六代目山口組の系列であり、池田組は神戸山口組なのだから、神原組が池田組を銃撃することは当然といえば当然だが、神原組と池田組の関係を考えると、これもまたいささか不自然な話である。つまり、大同会、そして三代目神原組の岸本組長は本気で池田組の前谷若頭のことを殺るつもりがあったのか？　ということである。

過去の付き合いやシガラミの一切を忘れてしまえば、それも有り得る話かもしれないが、義理を重んじるのがヤクザであるならば、たとえ団体や組織が変わったとしても、そう簡単に付き合いやシガラミを捨てるようなことはしない。

こういったことから考えると、暴力団としての活動よりも古典的なヤクザのスタイルを好む大同会の森尾会長が、池田組の面々と古くから面識がある岸本組長が、本気で前谷若頭の命を狙ったとは考えにくいところである。しかも実行したその日は故・高木若頭の法要の日である。

どう考えても『やりにくい仕事』だったはずである。ある暴力団幹部によると、

「上からやれといわれればやるしかないわけで、そういう命令でもない限り、こういうのはなかなかないですよ」

と話す。

彼がいう『上』とは、岸本組長にとっては森尾会長のことであり、そして森尾会長にとっては髙山若頭のことである。

そうであれば、岸本組長による銃撃については多少の理解ができる。髙山若頭からすれば、大同会と池田組との関係や、神原組の組史などはどうでもいい話なのかもしれない。髙山若頭が命令を下した証拠はないが、ある暴力団幹部は、

「まぁ、この業界のもんだったら、そういう命令があったって考えるほうが普通じゃないですかね。やるしかない時ってだいたいそういう時ですから」

と話した。

しかしやはり実際の現場は、岸本組長が前谷若頭のことを殺り切らなかったように、どうしても過去の付き合いやシガラミに対する想いがつきまとって現場の本気度は低下してしまうものである。

ある暴力団幹部は、

「懲役が昔よりも重くなってますけど、それはそれとして、上からやれといわれたらやるしかないですけど、やっぱりやりにくいもんにとってはかなりやりにくいですよ。ワ

シらだって人間ですから。よく、アンタには恨みはないけど殺るしかないんでね、みたいなセリフもありますけど、それはそこに筋がとおるからやるわけで、やるもんが筋のとおりを理解してこそやれるわけで、筋をみつけれんまま、ただ上からやれいわれてやる分では意味がわかりませんし、やっぱりやりにくいもんはやりにくいですわ」

と打ち明けた。

ふたつの山口組の分裂抗争の現場ではこのような『やりにくい仕事』というものが多発している。これが分裂抗争を長期泥沼化させている原因のひとつなのかもしれない。内部分裂による分裂抗争とはそもそもそういうモノだ、という人もいるが、多くの人間たちの意に反してまで六代目山口組と神戸山口組は長期泥沼化した分裂抗争を延々と続けることに意味はあるのだろうか。

ある暴力団幹部はこう話す。

「法要の日にやってますから、狙いは1発ぶっぱなして池田組に恥をかかせるだけで、殺しまではやるつもりはなかったと思いますよ。1発、どっかを撃って、ワァッとなればそれで充分だったんじゃないですかね。チャカひとつ持ってひとりで相手の組事務所に行くときはだいたいそんな感じですわ。昔なら窓割ったりドアに撃ち込んだりって。やっぱりタマ殺りにいく時はそれなりに準備しますからね。それを池田組のカシラが思いもよらん動き（突進した）をしたもんで、それを止めるために、本人の体に弾を入れたんでしょう。撃たれた池田組のカシラは生き残ってるそうですから、殺るつもりなら殺れてたはずですよ。相手は目の前に丸腰でおったんですから」

岸本組長による池田組への銃撃は故人の法要日だった。この法要日の銃撃については、銃撃の直後から様々な意見がでた。

「法要という義理の日に銃撃をするとは仁義に反する」

という見方に対して、

「池田組は神戸山口組を結成した際に六代目山口組から絶縁処分にされているので、そうなるとそもそも立場的に渡世の仁義を語る資格が池田組にはないので、池田組の法要は義理場ではなく、よって銃撃については文句ひとついえないはずだ」

といったような意見が飛び交った。

前者の意見はまだしも、後者の意見は完全に見当違いだといえるだろう。絶縁処分、立場、渡世の仁義、一見それらしい言葉を並べてはいるが、それ以前にヤクザも人である以上、法要を踏みにじるような行為は人として間違っているのではないだろうか。

岸本組長は法要後に池田組事務所で発砲した。しかし法要の同日であることに変わりはないので、やはりやるべきタイミングではない。

前出の暴力団幹部がいうように、あえて法要の日を狙ったというのなら、作戦遂行となって仕事人としては任務に忠実でそれはそれでいいのかもしれないが、法要の日を狙うという、そもそもの作戦内容に間違いがあるのではないだろうか。

六代目山口組と神戸山口組による分裂抗争は、神戸山口組が沈黙を続けている以上、六代目山口組が攻撃をストップさえすれば、停戦状態となるはずである。ややもすれば休戦状態に持ち込むこともできる。

それを神戸山口組が『存在しているだけで勝ち』というような論理を持ちだしているから、六代目山口組も攻撃するほかなくなり、抗争が長期泥沼化している側面もある。その結果、六代目山口組陣営は半ば引退した非戦闘員状態の人間を自動小銃で惨殺したり、法要の日に銃撃したりしている。まったくもって六代目山口組と神戸山口組の抗争は、ヤクザの喧嘩としてはすでに破綻している。

せめて神戸山口組は『存在しているだけで勝ち』ではなく『存在することで六代目山口組の運営の仕方についての抗議を続ける』ぐらいの言い分にしてはどうだろうか。

勝ち負けだけがケリのつけ方ではないはずである。ヤクザとして任侠道に精進することがヤクザのケリのつけ方のはずである。六代目山口組と神戸山口組の長期泥沼化した分裂抗争の道は任侠道に即しているのだろうか。それとも反しているのだろうか。

ヤクザとは何か？任侠とは何か？

池田組銃撃事件は、六代目山口組と神戸山口組が当局より特定抗争指定暴力団に指定されてから最初の大きな銃撃事件だった。

銃撃事件の現場となった池田組事務所がある岡山県岡山市が先に指定された警戒区域外だったことから特定抗争指定暴力団に関わる罰則の適用はなされないが、暴対法に基づいて当局から池田組事務所と鳥取県米子市内にある大同会事務所はすでに使用制限の仮命令が下されており、また池田組と大同会の本部事務所およびそれぞれの関係個所がある岡山県、鳥取県、島根県、愛媛県の各4県の公安委員会は、この4県内にも特定抗争指定暴力団の指定に基づいての警戒区域を定めるために、池田組と大同会それぞれの代表者に対して順次意見聴取することを発表した（2020年6月）。

この意見聴取会に代表者が出席しなくても、指定の手続きに支障はないとされ、最初に意見聴取となった池田組の代表者は意見聴取会を欠席した。

『和睦』への道

六代目山口組が分裂したさい、分裂派によって旗揚げされた神戸山口組には次のような計画があった。

・六代目山口組内の運営の一切を取り仕切っていた髙山若頭が逮捕収監された状況では、六代目山口組は分裂の影響で内部崩壊を起こして離脱者が続出して、その者たちが神戸山口組へと加入するだろう。

・その結果、六代目山口組は三代目弘道会と少数の二次団体だけとなり、その総員数は

1000人にも満たなくなるだろう。

・追い詰められた三代目弘道会と少数の二次団体は、神戸山口組に対して武力行使をしてくる可能性もあるが、ご時勢上、当局の餌食となり、逮捕者や引退者が続出して団体を維持することがとても困難になるだろう。

・このあたりで、六代目山口組の司組長と会談し、司組長を残留させる代わりに名古屋派や反神戸派の幹部や組員たちについては拘留中の者も含めて全員を絶縁とし、神戸山口組は解体して六代目山口組内に戻る

というものだった。

しかし計画どおりにことは進まなかった。それはまず六代目山口組が内部崩壊しなかったからである。

そもそも司組長は人望のある人物だが、神戸山口組が考えていた以上に司組長は組員や関係者から人望の厚い人物だった。そのことが第一となって六代目山口組は内部崩壊をしなかった。

次に司組長の右腕となって、六代目山口組の内政に励んだ橋本統括委員長（後に引退）

と六代目山口組の中心的な有力二次団体である三代目弘道会の竹内会長の手腕がモノをいった。

橋本統括委員長はいち早く「今回の分裂騒動については子分には一切罪はない」と声明文を出して各傘下団体の離脱を防いだ。

竹内会長は困窮する六代目山口組内の各傘下団体に資金提供をおこなうだけでなく、各地で勃発した神戸山口組の系列団体との暴力事件などの収拾に素早く対応した。

主にこの2人の活躍により、六代目山口組は内部崩壊を防いだといえる。この時点では六代目山口組の粘り勝ちだった。

次いで、六代目山口組による神戸山口組への攻撃が盛んになり、当局は集中取り締まり対策本部を設置するも、六代目山口組はそれに屈しなかった。この時点でも六代目山口組の粘り勝ちである。

そしてこの段階で、神戸山口組が当初計画していた対六代目山口組計画はすべて破綻したのである。

いってみれば、六代目山口組が本流ならば神戸山口組に対して「そっちもなかなかだがこっちもなかなかだろ。そろそろこの辺でいいんじゃないか」と懐の深さをみせつけ、神戸山口組は六代目山口組に対して「なかなかやるじゃないか」と戦歴の極みを認めて両者が同じ文言を交わせれば抗争が長期泥沼化することもないだろう。

水面下で再統合の話し合いが持たれたが条件の違いから決裂、抗争は長期泥沼化した。つまりこの時点で、六代目山口組と神戸山口組は分裂抗争の出口と落とし所を完全に見失ったのだ。

神戸山口組は当然のように無計画状態となり、六代目山口組も同等の状態に陥った。それから約5年間、長期泥沼化した抗争下において、神戸山口組は『弘道会以外の六代目側の組員との交流を認める』とした。六代目山口組側からは同等の声明は出されなかったが、現実的には六代目山口組系列の三次団体や四次団体クラスの組員たちは神戸山口組系列の組員たちと交流を持った。長期泥沼化した分裂抗争は完全に中弛みしている。

本書では、六代目山口組と神戸山口組の分裂抗争について抗争終結に向けたとりあえずの休戦を提案するが、休戦中の話し合いによって抗争終結後の六代目山口組と神戸山口組がどうするかについては、いわゆる再統合、六代目山口組と神戸山口組の合流よりも、六代目山口組と神戸山口組がいったん兄弟分になることを一考してみてはどうだろうか。

六代目山口組の司組長と神戸山口組の井上組長が五分の兄弟分になれば、無理に合体して内部で新たに座布団争いや派閥闘争をするよりも、いい落とし所なのではないだろうか。

日本最大の暴力団である山口組の組長が五分の兄弟を持つということは前代未聞のことだという人もいるが、それは三代目時代からの話であり、二代目山口組時代には浅草や下関に兄貴分もいたわけなので山口組史として山口組の組長が五分の兄弟を持つことは間違いではない。それに六代目山口組と神戸山口組はもとはといえば同じ山口組であるわけだから、それが五分の兄弟になってもそれを咎める者はひとりもいないはずである。一度割れてしまったモノを元に戻すことはむずかしい。しかし六代目山口組と神戸山口組が五分の兄弟になることで、対立はなくなる。できれば、司組長と井上組長の五分兄弟だけでなく、高山若頭と寺岡若頭も五分兄弟になったほうが円満ではないだろうか。どちらが古いとか新しいとかではなく、どちらが正統とかマガイモノだとかではなく、どちらも同じ、どちらも正統、どちらも山口組でいいのではないだろうか。

『分裂』ではなく『共存共栄』である。

『和解』が望ましいが、もし和解までいたらなければ『和睦』でもいい。和解には争いを止めて色々な約束事をするのがつきものだが、和睦は単純に仲直りするだけでいいのである。両者は広義には同じ意味ではあるが、厳密には和解と和睦は違う。和睦のほうが柔らかい。勝ち負けを決める必要もない。よって、まずはいち早く休戦し、その上で和睦して、六代目山口組と神戸山口組が五分の兄弟になると双方の個性や特徴を曲げないまま着地できるのではないだろうか。ヤクザ史のなかではこういったことは恐らく初めての出来事になるかもしれないが、ヤクザは裁判官でもなければ官僚でもないので何もかもを前例や判例をもとにする必要もなく、山口組らしい柔軟な発想をもとにこのような解決策を用いるのも一計ではないだろうか。解決策というよりこれはもう発展策といってもいいかもしれない。

五分の兄弟になっていれば、傘下団体の移籍だけでなく、跡継ぎ問題についても、双方から前向きな策を講じることができて、無益な消滅や意見の相違や誤解による無意味な対立や喧嘩を防ぐことも正確にできるかもしれない。渡世の面々も、さまざまな国際的な重要行事が開催されて当局の警戒が一層強まっていただけでなく、東京オリンピック（延期）という一大イベントを抱え、それだけでなくパンデミックというコロナウイルス感染拡大下において、六代目山口組と神戸山口組がもう5年も抗争を続けていることに、菱の代紋を掲げた日本最大の暴力団である山口組の恐ろしさを改めて知ったはずである。山口組相手に正面からケンカができる他団体は正直なところなかなかないだろうと改めて感じているはずである。だからあとはもう六代目山口組と神戸山口組が世間様に迷惑をかけ続けることなく、分裂抗争終結に向けて速やかに進むべきところなのではないだろうか。

その昔、九州で老舗団体Xから移籍者が続出して、結果的にもうひとつ別の団体Yがとても大きくなってしまったことがあった。そもそも両方の団体のトップ同士は旧知の仲であり、Yの組長が長期服役から戻ってきたことがキッカケとなって、XからYへの移籍者が続出した。Xの組長も、それらの事情をよく理解しており、移籍者については不問としていた。XとYはそもそも友好的な関係があったことから、YはXからの移籍者を受け入れ続けていた。また、移籍者がほうぼうの団体に散らばったのではなく、このYひとつに集中して移籍加入してしまったためにYが結果としてXに対抗するほどの大きさとなってしまい、組員同士が繁華街などで衝突、日に日にXとYの関係性が悪化してしまったのだった。

他所からみればまるで老舗団体が嫌でYに移籍をした組員たちによる遺恨性のある分裂劇のようにもみえたが実情は組員たちによる純粋な移籍という自然発生的な状況であり、また、街中で繰り返された組員同士の衝突も、その時限りの一過性のものが多かったが、しかしやがて両者は極道の意地とメンツによっていうまでもなく団体同士の対立抗争となってしまった。とくにXの組長は、むこうに組員を獲られたという意識が芽生えてしまい、この対立抗争は多数の死者や怪我人や逮捕者を続出させた。やがてXのトップは、対立抗争をしている相手のYが、Xからの移籍者全員を素直に次々と受け入れただけで、対抗するつもりもなければXに歯向かうつもりもなかったことを知って、この抗争は瞬く間に終結した。

そして双方のトップが話し合った結果、老舗団体XとYは合体して一本化したのだった。抗争による犠牲者のことを思えば一本化なんて冗談じゃないという人もいるかもしれないが、これは犠牲者に対する供養をよくよく考えた上での一本化であったともいえる。無意味な抗争をしてしまった以上、両者が共同で犠牲者への供養をするには共同という文字通り、一本化してしまったほうが合理的でもある。それに一本化すればもう二度と両者が抗争をすることもないはずである。

ヤクザの抗争というものはなにも勝ち負けだけではなく、抗争についてどのような落とし所をみつけて、それを実行して、終結させるかというのも見所のひとつである。

六代目山口組と神戸山口組は菱の代紋を持つ日本最大の暴力団であり、いうまでもなく元々はひとつの団体であり、創立100年以上の歴史を持つ老舗団体として、自らが起こした分裂抗争にどのような抗争終結劇を用意できるのだろうか。

山口組としては、これは売られたケンカ、買ったケンカではなく、明らかに『自分たちで起こしたケンカ』である。そう考えればそもそも仲裁役は必要ないのかもしれない。自分たちで起こしたケンカは自分たちでケリをつければいいだけの話である。わざわざ他所に仲裁を頼むこともない話なのかもしれない。

落とし所が見つからないままの六代目山口組と神戸山口組の分裂抗争は完全に長期泥沼化して中弛みし、抗争下における当局からの締め付けだけがキツくなり、各組員たちは疲弊し、また世間様に迷惑を掛け続けるばかりで、六代目山口組と神戸山口組の分裂抗争劇は完全に破綻していた。

組員たちからは、

「いつまで続くんかさっぱり分からん」

「名古屋と神戸でやっとるだけの話やからな。こっちには関係ないわい」

「なんか気に入らんことがあるなら気に入らんもんが引退したらよろしいがな」

「早くどうにかしてくれんかのぉ」

「やるやるいうていいっつもやらんじゃない」

「ただたんに自分らだけがいつまでも美味い飯食いたいだけと違うか。そんなもんにワシら命かけれんわい」

「ヤクザやっとんのがシンドイわい」

といった愚痴とも本音ともいえる言葉が数多く聞こえるようになった。

町場では六代目山口組の系列組員と神戸山口組の系列組員が共同で振り込め詐欺を含む特殊詐欺をやって一緒に当局に逮捕されるという、奇妙な状況まで発生し始めた。

そんななか、六代目山口組の髙山若頭が長期服役を経て府中刑務所から出所した。数年前に長期服役を済ませて同じ府中刑務所から司組長が社会復帰したときと同じように、社会不在時の状況を髙山若頭が熟知しているはずもない。

しかし髙山若頭は長期泥沼化した六代目山口組と神戸山口組の分裂抗争劇のキーマンであることに間違いはなく、もっといえば、髙山若頭の社会不在時の六代目山口組と神戸山口組の状況は実質的には抗争が終わっているとしかいいようのない状況であり、特定抗争指定暴力団の指定を受けた段階で、当局から間接的に『抗争終結宣言』を求められているようなものでしかないなかで、ヤクザならどうするのだろうか？　モノの道モノの道理を考えた場合、どうするべきなのだろうか？

『情報ウイルス』による抗争

長期泥沼化により六代目山口組も神戸山口組も疲労困憊の消耗状態に陥っており、業界内には、

『髙山若頭が九州の某親分を頼って分裂抗争終結に動いている』

『絆會が解散する』

『神戸山口組から山健組が離脱した』

といったような嘘なのか本当なのかよくわからない怪文書的情報が出回っている。

絆會については、本書でも触れたように絆會結成当初から、暴力団ではなく堅気の集団としてやっていきたい意向があったが、一部の會員たちが暴力団やヤクザを続けていきたい希望があり、足並みが揃ってはおらず、状況的に暴力団やヤクザを続けたがっている一部の會員たちが絆會から別の暴力団に移籍していなくなってしまえば、自然と足並みが揃って、解散という手法を用いて絆會が堅気の集団に成り替わることは充分にあ

りえるが、現状ではまだ足並みが揃っていないために、即解散というタイミングではないといえる。よって絆會解散という情報の信憑性は非常に低い。しかし今後の展開次第では絆會の解散は充分にありえる。

そして特筆すべきは山健組の離脱情報についてである。何が特筆すべき点かというと、このことから『暴力団抗争における抗争手段の変化』が見受けられるということである。

現在、五代目山健組は、先の襲撃事件の実行犯として中田組長が当局に拘束中となっている。組長を頂点としてピラミッド型の組織形態を用いている暴力団では、組長が社会不在中だと例外なく意思決定能力や指揮能力が低下する。簡単にいえば、ボスがいない組織ということである。組長の社会不在時には、組長代行（代行役）、若頭（ナンバー2）、時には舎弟頭（組長の弟分の頭）や代貸（組長の兄弟分や縄張り持ちを許されている大幹部）といった役職にある者が、組長にかわってリーダーシップを発揮するが、五代目山健組では、四代目時代からの組織衰退状態が続いたままでその建て直しが必要とされており、つまりそもそもの組織力が低下している状況で、中田組長が組長就任してからさほど月日が経たないうちに逮捕拘束される身となったため、混乱と衰退が続いていた。

そんな状況のなかで、

『神戸山口組から山健組が離脱した』

という情報が出回った。これについては山健組の現役組員ですら寝耳に水だった。

山健組系列のある組員は、

「訳がわかりませんわ。確かに多少ゴタゴタしてる部分もありますけど『離脱した』なんて聞いてませんし、そんな指示もきてません。げんに、自分も自分の親分も今日も山健組のままでっしゃろ」

と疑心暗鬼しながら話した。

通常、暴力団の指揮系統での指示伝達には、組員全員に指示が行き渡るまでに時間差が生じることも多い。緊急時でもなければ、一般的には総本部で決定した内容を二次団体は持ち帰って各組員たちに伝達する。そのように伝達内容をいったん持ち帰った後に開かれる二次団体の定例会で各組員たちに伝達することも多いので、そのぶん、1日から5日程度のタイムラグが発生することも多い。その次の三次団体や四次団体はいうまでもなくそれ以降になる。簡単にいってしまえば、ひとつの情報が直参組長と系列の末端組員との間で情報共有できるまでに1ヶ月近くも時間差が生じることもある。

もちろん、抗争時や緊急時における指示については総本部での決定後直ちにファクスや電話やSNSなどでほぼ30分以内に末端にまでその内容が行き渡ることになるが、平時については前記のようなタイムラグが生じる。

『山健組が離脱した』という情報は、山健組の組員や系列の組員たちにとってはいうまでもなく『緊急時対応』であり、もっといえば、離脱団体の当事者である者については、もしも離脱が事実であるならば、こんな怪文書的な情報が出回る前から知っていなければならないレベルの情報であり、重要な指示内容であるが、離脱に関する情報について山健組の当事者たちも「そんなん聞いてませんよ」という状況だった。

ある暴力団幹部は、

「どことはいいませんけど、山健組のケンカ相手が、山健組を混乱させるためにそういう情報を回してるんじゃないですか？」

といった疑いの目を凝らした。

山健組は神戸山口組の中心的団体であり、その山健組が混乱するということは少なからず神戸山口組が混乱するということでもある。そして山健組が組長の社会不在中であることから山健組はそもそも不安定な状況であり、六代目山口組との長期泥沼化した抗争下では、そういった不安定さがアダとなって所属組員たちが離脱や引退を考えるのも不思議ではない。そこに『離脱した』という情報が出回れば、混乱は必須である。

今が抗争中だということは各組員たちもよくよく理解しているとはいえ、平時だと指示や伝達が末端まで行き届くのにタイムラグが生じるのが普通なので、そういった日頃の慣れも加味されて、離脱情報を完全に信じ込んだ山健組系列の組員たちもいたことだろう。これは、本部の指示とは違う情報や偽指示を信じ込んでしまい、組員たちの意思疎通もおかしくなって、組員たちがバラバラになってしまい、団体が内側から崩壊してしまう原因となる。

ある暴力団幹部は、

「抗争の仕方がこんなふうになってきたのかもしれませんわ」

とタメ息交じりで話した。

暴力団抗争といえば、誰もが、拳銃の撃ち合いなどをイメージしてしまう。過去の抗争事件ではまさにイメージどおりの拳銃による襲撃や射殺事件が多発していた。しかしさらなる銃刀法の改正（2009年～）や当局からのさまざまな締め付けにより、暴力団抗争は拳銃による抗争だけでは『やりにくい』という面から『決定打に欠ける』ことも増え、つまり拳銃の使用だけでなく『情報戦』を強く展開する必要性が生じてきたのかもしれない。

情報戦といっても、国際間のような機密度の高くて競争価値のある情報を奪い合うのではなく『戦意喪失させたり混乱させたりして敵を崩壊させるための悪質な情報を流布する』という分野にだけ特化したものである。

抗争中だけでなく平時でも、特定の相手の混乱や風評被害を狙った怪文書の乱発が見受けられることはあるが、そのようなよくある嫌がらせ行為とは違って、そこからもっと戦術的に進化した『情報爆弾』や『情報ウイルス』ともいえる悪質な情報攻撃が暴力団抗争における主力のひとつに加わったのかもしれない。それと同時に暴力団抗争の新たな手法を生み出したのかもしれない。

その象徴的実例が『山健組が離脱した』という怪文書的な情報ウイルスの流布であっ

たといえる。

暴力団抗争におけるこの情報ウイルスは、現在の六代目山口組と神戸山口組の長期泥沼化した分裂抗争下では、ネット社会の便利さも加味されて、各組員たちだけでなく、当局やマスコミですら踊らされ、混乱を生じ、大勢の人々を疲労させた。その結果、人々の思い込みや勘違いや事実確認の怠りもあって、情報ウイルスはさまざまな箇所に感染した。情報ウイルスに感染した直参組長や所属組員たちが混乱したあげく次々と離脱して五代目山健組は組長が社会不在中という弱点要素も決定打となって事実上崩壊してしまうかもしれない。もしそうなったら、今後の暴力団抗争では拳銃による襲撃や射殺事件などだけでなく、悪質な情報ウイルスをばら撒くという情報戦が主体となっていくことだろう。少なくとも六代目山口組と神戸山口組の長期泥沼化した分裂抗争は暴力団抗争史に『暴力団による情報ウイルスを使った情報戦』を新たに築いたといえる。

すでに第一次抗争は終わっている？

それにしても長期泥沼化した分裂抗争により、各組員たちの疲労度はもう極限状態にまで達している。そして各組員たちはこの分裂抗争の意味すらも見失いかけてきている。なんのために抗争を続けるのか？　そこにあったはずの大義とはいったいなんだったのか？　またある幹部組員は、

「実質的には、分裂による抗争はもう終わってるんじゃないですかね。実際のところは、六代目のほうも神戸のほうも枝のもん（下部団体の組員たち）なんかは一緒にシノギしたり飲みに行ったりもしてますからね。今でも続いている抗争っていうのは、もう六代目と神戸が分裂した時の抗争じゃなくて、一部のもんが意地になって、そいつらのメンツのためだけにみんなを引きずり回してやっとるだけのもんじゃないですかね」

ともいう。

この言葉を整理すると、六代目山口組が神戸山口組とに分裂したさいは、確かに分裂

抗争だったといえる。そしてその抗争は複数の死者と多数の負傷者を発生させて、切り崩し工作の活発化やさらなる再分裂までも勃発させた。そしてこの分裂抗争の結果は、六代目山口組と神戸山口組の『引き分け』だったといえる。

前出の幹部組員が話したように、確かにもう、六代目系列の組員や神戸系列の組員たちがビジネスやプライベートで行動を共にする機会も増えた。神戸山口組に至っては、一部の制限はあったが六代目側の組員との交流を認める旨の本部通達もなされていた。

よってもうすでに分裂抗争は終結しているという見方もできるはずである。暴力団抗争史のなかで、抗争相手の組員同士が抗争中に一緒にシノギをしたり一緒に酒を呑むなんてことはない。そんな状況を抗争中であるとしたことは一度もない。よって言い換えれば、六代目山口組と神戸山口組の『第一次六神抗争』（2015~2019年）は両者引き分けという結果でもう終了しているのではないだろうか。

そして現在は、しいていえば『第二次六神抗争』ではないだろうか。第一次と第二次の時間的区切れ目は、やはり、六代目山口組の髙山若頭の社会復帰時（2019年~）ではないだろうか。

第一次では、いうまでもなく抗争のキーマンである髙山若頭の社会不在が影響して、抗争結果は両者引き分けとなったといえる。そして髙山若頭が出所して、たとえば、第一次六神抗争の戦後処理として、両者引き分けからの穏便処理もできたはずだが、髙山若頭は六代目山口組の中心的団体で自身の古巣でもある三代目弘道会と共に銃撃と情報ウイルスによるさらなる抗争を開始した。よってこの時点から第二次六神抗争が出発したといえる。しかしすでにあらゆる交流をしてしまっているそれぞれの系列組員たちの現実状況からいって、第一次六神抗争と第二次六神抗争とでは抗争としての性格も色合いも大きく異なっており、第一次六神抗争を『分裂抗争』とするならば第二次六神抗争は『髙山若頭一派と神戸山口組の抗争』とみてもいいのではないだろうか。

どっちにしろ、六代目山口組と神戸山口組の抗争が長期泥沼化していることに変わりはない。そしてそれぞれの組員たちが極度の疲労状態に陥っていることに変わりはない。さらには六代目山口組と神戸山口組が長期に渡って世間に迷惑をかけ続けていることに一片の変わりもない。

一度割れてしまったモノはそう簡単には元には戻らないが『大きな岩でも動かす』の

が山口組精神であり、再統合というよりも『団結』を目指すことのほうが山口組らしい。

せめて六代目山口組と神戸山口組が五分の兄弟になってくれれば幸いである。

とにもかくにも、純粋に、任侠修行に精進して、世間様の迷惑にならないように、ヤクザがヤクザらしくいれた時代が、今となっては懐かしい限りである。


ヤクザとは何か。

道理とは何か。

任侠とは何か。

藤原 良（ふじわら・りょう）

週刊誌や雑誌・マンガ原作・月刊誌等でアウトロー記事を多数執筆。万物斉同の精神で取材や執筆にあたり、主にアウトロー分野のライターとして定評がある。

山口組対山口組 終わりなき消耗戦の内側

2020年9月16日 第1版第1刷発行

著 者 藤原良

発行人 岡聡

発行所 株式会社太田出版

〒160-8571
東京都新宿区愛住町22 第3山田ビル4F
電話03（3359）6262
振替00120-6-162166
ホームページhttp://www.ohtabooks.com/

印刷・製本 中央精版印刷株式会社

ブックデザイン 長久雅行

編 集 株式会社小野プロダクション

ISBN978-4-7783-1711-9 C0036